Bons baisers de Strasbourg

Du même auteur

Ian Lipinski garde le cap, avec Fabrice Weiss, La Nuée Bleue, 2023
Contes des femmes d'Alsace, avec Vlou, Le Verger Éditeur, 2022
Contes de l'eau d'Alsace et de Moselle, avec Vlou et René Descombes, Le Verger Éditeur, 2021
Le petit peuple des mines, La Nuée Bleue, 2021
Hard Rock Cargo, le Beau Jardin, 2020
Vies incroyables, le handicap en action, Éd. du Signe, 2020.
La Folie Marco, Le Verger Éditeur, 2019.
Là où vont les rêves, Éd. du Long Bec, 2015.
Envols, Éd. du Long Bec, 2013.

Ce roman a bénéficié d'une aide à la création littéraire de la Région Grand Est et de la Direction des Affaires Culturelles Grand Est.

ISBN 978-2-84574-437-0
Mise en pages en Spitzkant Text par Pierre Marchant
Couverture de Vlou - www.vlou.net

www.verger-editeur.fr

Nicolas Kempf

Bons baisers de Strasbourg

roman

Collection

Les enquêtes rhénanes

Pour M.

Merci à Olivier Claudon grâce à qui l'auteur et l'éditeur
ont découvert le Collège de l'Europe Libre.

Partie 1

LA MAUVAISE PERSONNE AU MAUVAIS ENDROIT

1

Maladroits mais obstinés, les oiseaux tournaient en une mêlée grise.

Ils évoluaient autour d'un point d'intérêt invisible. Personne n'aurait pu dire combien ils étaient à se chamailler ainsi : dix, vingt, cinquante ? Et cela roucoulait et jacassait, à propos d'une quelconque miette de pain...

Le soulier d'un gamin claqua au sol, et la volée de pigeons se dissipa dans l'air de septembre. L'enfant éclata de rire et courut rejoindre ses parents, qui s'éloignaient dans les allées.

Il faisait encore chaud en ce dimanche après-midi à l'Orangerie. Ici et là, des promeneurs, par couples, par familles, se baladaient. Assis à même la pelouse sur des serviettes de bains, des groupes d'adultes, de jeunes gens pique-niquaient. Tous profitaient d'un dernier répit avant la rentrée des classes, avant de retourner au bureau ou à la machine...

Gilles aurait bien aimé, lui aussi, goûter cette ultime portion d'insouciance. Mais le jeune homme de 25 ans, grand et emprunté, cheveux noirs bien peignés, ramassé sur sa serviette, n'arrivait pas à se détendre. La rentrée approchait. Dans deux mois, il faudrait y retourner. Les mesquineries des élèves, les questions idiotes. Chaque année, il vivait la même chose, depuis qu'il exerçait comme professeur assistant... Non, auparavant aussi, lorsqu'il était juste étudiant...

Non, lycéen... À bien y réfléchir, la rentrée lui chamboulait le ventre et l'esprit depuis toujours. Depuis qu'il y avait des rentrées.

– ... ce tremblement de terre, à Orléansville. Il faut aider ces gens, mon vieux ! L'Algérie est une poudrière !

– ... Sur scène, ils sont du tonnerre ! Je vais retourner les écouter demain soir...

– ... Bien sûr, le chantier est affreux, et en plein centre historique, je te l'accorde. Mais lorsque les échafaudages seront retirés, elle promet d'être impressionnante !

Gilles n'arrivait pas à s'insérer dans les échanges. À peine trouvait-il quelque chose à ajouter, que le groupe était passé à la suite. C'est qu'il y en avait, de l'actualité, en cet automne 1954. Et puis, il se sentait ailleurs : il pensait au lendemain, à ses étudiants bien alignés, prêts à recevoir ses lumières...

Les jeunes femmes en robes d'automne, bandeaux de cheveux assortis, mordaient franchement dans les sandwiches. Les garçons, blazers-cravates, remplissaient les verres et les faisaient passer dans le cercle. Joël, le grand ordonnateur du pique-nique, papotait avec les uns et les autres. La quinzaine de participants, assistants de lettres, futurs chercheurs, fonctionnaires bourgeonnants, avec leurs épouses ou petites amies, vibrait de vie et d'enthousiasme.

– Tu as eu ton exemplaire ? Je t'en passe un, tu me le paieras plus tard.

Un des convives, Hering, brandissait sa revue sous le nez des uns et des autres : *Sous-jacences*, un ramassis de texticules d'analyse littéraire, rédigés par lui-même sous divers pseudonymes. Des articles « écrits avec les genoux », pensait Gilles. Le garçon n'avait pas la dent dure, en général ; mais quelque chose chez son collègue Hering, cet être boutonneux, voûté, mal lavé, quelque chose hérissait Gilles.

Personne ne prêtait attention à Hering ni à son chien, Marshall. Le gros dogue trottait entre les convives, ses babines dangereusement proches des robes des dames, mais nul ne s'en souciait. Tous étaient trop heureux de profiter du plein air.

Gilles ne comprenait pas cette obsession pour les parcs et la verdure. Dès qu'il faisait beau, le Strasbourgeois lambda filait au quadruple galop à l'Orangerie pour annexer un coin de pelouse. Pourquoi diable ?! Certes, il y avait la mini-ferme, le lac de canotage, les expositions d'aquariophilie dans l'élégant pavillon Joséphine... Mais à part ça ?

Est-ce que personne ne s'inquiétait d'étaler de la terre ou de la chlorophylle sur son costume de ville ? De prendre dans les cheveux une volée de feuilles mortes soulevée par le vent ?

Il éleva à la hauteur des yeux la boîte à lunch préparée par Philomène. Il en ouvrit un coin ; puis souleva la tranche de pain qui se présentait à son regard.

Cornichons-rôti. Ah, la barbe.

Il ne fallait pas blâmer Philomène. Les casse-croûte étaient confectionnés par la bonne, certes, mais sur les instructions de Jocelyne. Il faudrait quand même qu'il en parle à Joce, un de ces jours : pourquoi toujours du rôti, alors qu'il détestait cette texture mal cuite qui...

– Qui a invité ce particulier-là ? C'est toi, Gilles ?

Sans avertissement, Joël s'était laissé tomber sur le drap de bain de Gilles, comme s'il le rejoignait dans une tranchée.

L'homme massif, cheveu ras et nuque de taureau, désigna Hering de sa paluche ouverte :

– C'est toi qui lui as dit de venir ?

– Je le connais à peine. Si ce n'est pas toi, Joël, je ne vois pas qui.

Ils observèrent le manège de l'assistant boutonneux, qui poursuivait sa retape. Son paquet de revues, sous son bras, demeurait intact.

– Alors, personne ne l'a invité, Gilles. Il est venu d'autor et d'achar.

– Il en est bien capable, en effet.

– Bon. Et Scholl, tu sais s'il va passer ?

– Je suis parti en auto de chez moi. Il avait à faire place Brant, il a pris sa bicyclette...

– Il a intérêt à se pointer, car il ne restera bientôt plus une cacahuète pour lui, ni ses yeux pour pleurer. Non mais regarde-moi ces morfales !

Gilles dut en convenir : leurs camarades engloutissaient les provisions à un rythme impressionnant.

Joël, responsable des effectifs à l'université, avait l'habitude de diriger les discussions. Il enchaîna :

– Et tu commences à te préparer pour novembre ? Tes petits cours, tout ça ?

– Eh bien oui, je...

– J'ai quelques étudiants qui vont se rajouter en propédeutique ; en première année, quoi. Ça ne te dérange pas, je pense ?

L'assistant reposa sa boîte à lunch et ouvrit des yeux ronds sur Joël :

– Que veux-tu dire ? Les inscriptions sont clôturées depuis longtemps !

– Les inscriptions d'étudiants français, oui, approuva l'autre en tripotant le coin de la serviette de Gilles. Mais là je te parle d'étrangers. En fait, ils ont un statut un peu à part et... Bon, j'admets : on les a oubliés ! Ceux qui ont demandé le cursus de littérature. Oubliés, oui, voilà !

Gilles se posa une fois de plus la question : comment un type comme Joël avait pu obtenir un poste d'administratif, et même plutôt haut placé ? La fin de la guerre avait sacrément rebattu les cartes...

Tandis que l'homme grognait ses explications, le chien d'Hering vint traîner sa curiosité près d'eux. Il s'approcha de Joël, qui le repoussa sans ménagements.

–Allez ouste, toi ! ... Enfin bref, j'ai tout ce paquet de Slaves sur les bras. Pas grand-chose, une petite quinzaine...

–Des Slaves ?

–Des étudiants du Collège de l'Europe Libre. Tu vas voir, ils sont bath. Pas du genre à te causer des ennuis.

Gilles ne comprenait pas bien. Avait-il encore son mot à dire ? Des étudiants en plus, dans son cours ? Là, d'un claquement de doigts ? Et d'autres copies à corriger ? Et puis, donner la leçon à des jeunes à peine débarqués, parlant à peine français ? Il essayait de se représenter la chose, tout en repoussant la truffe de Marshall, qui à présent s'intéressait à lui.

–Attends, Joël, mon cours est déjà complet ! Je ne peux plus prendre personne, étranger ou pas.

–Mais puisque je te dis que ce sont des bons ! Tu sais qu'ils sont déjà au boulot depuis la mi août ? Au château, ils ont des cours de droit, d'économie, de leur culture d'origine ; et pour caler la dent creuse, ils apprennent le français.

Gilles secoua la tête, toujours réticent :

–Tu te rappelles les attaques contre le Collège l'année dernière, les articles dans l'*Huma* ? Je n'ai pas envie d'avoir des ennuis en classe ! Des contestataires à la sortie du cours !

–Hmmm...

Le directeur souffla du nez, la mine embarrassée.

Gilles n'avait pas tort : dès les débuts du Collège, des tracts contre sa présence, des affiches avaient fleuri dans le Strasbourg étudiant. Ils émanaient aussi bien des communistes que des « chrétiens progressistes ». Et ce n'était que l'aspect le plus inoffensif de l'action.

– Tant pis.

– Et qu'est-ce que tu vas faire ?

– Je vais parler à Bellegarde pour lui dire que tu as refusé. Qu'elle se débrouille autrement.

Gilles sursauta. Denise Bellegarde ? Sa directrice ? Que venait-elle faire dans ce micmac ?

– ... Eh bien, c'est elle qui a accepté ce contingent d'étudiants en littérature. À présent, elle veut les refourguer à un assistant. Ah, elle sait y faire ! Elle répète qu'il ne faut pas plus la charger de cours, qu'elle a beaucoup de recherches à mener... et elle ne publie quasiment rien. Je me demande ce qu'elle fout. Et puis, comment une bonne femme a pu obtenir ce poste ? Moi, ça me laisse pantois.

Gilles aurait peut-être répondu quelque chose, mais il devait garder une partie de son attention sur Marshall : la créature, grosse comme un petit veau, voulait de toutes ses forces lui renifler l'entrejambe. Il lui fallait ses deux mains pour la tenir à peu près loin de lui.

Joël poursuivait sur son idée :

– Je vais lui dire son fait, à cette vieille bique. Je vais pas me gêner. Voilà trop longtemps que j'attends une occasion. Tu as bien raison de l'envoyer paître, Gilles.

– L'envoyer paître ?! Mais non ! Je... Attends, réexplique-moi l'affaire, tu veux bien ?

Gilles s'évertuait à éloigner Marshall pour pouvoir se consacrer à la conversation. Cette histoire d'étudiants supplémentaires était une idée de Denise Bellegarde, OK. Mais si ce bourrin de Joël s'en mêlait davantage, quels dégâts allait-il provoquer ?

– Écoute, je... tout n'est pas si verrouillé, peut-être ? Tu me laisses un peu de temps, d'accord ? Ne dis rien à Belleg... à madame Bellegarde. Je vais trouver une solution.

– Tu es sûr ?

– Oui oui ! Je prends le relais ! Ne t'occupe plus de rien.

Joël fit une moue d'approbation et observa un moment le spectacle autour d'eux. Ici et là sur la grande pelouse, d'autres groupes de jeunes gens profitaient de l'après-midi. Devant le pavillon Joséphine, on se prenait en photo, en recherchant des poses dignes de la postérité. Du côté de la mini-ferme, les enfants tendaient des carottes à un lama dans son enclos ; lama qui les snobait copieusement.

– Sur quoi porte ta thèse, Gilles, déjà ? Tu me l'as dit cent fois, mais j'en oublie cent-une, ha ha ! Tu avances, au moins ?

Gilles repoussa une fois de plus l'énorme dogue, affriolé par les parfums de son bas-ventre.

– C'est... « Le permis et l'interdit dans la littérature du milieu du XIXe siècle ».

– Ah oui, oui. Et tu progresses ?

Il ne progressait pas, non ! Et ça ne risquait pas de s'arranger, si on lui collait quinze étudiants slaves sur les bras, en plus du reste !

Sa thèse ! Il en aurait pleuré ! Son contrat d'assistant courait jusqu'en 1958. Ensuite, s'il n'avait rien achevé, rien publié, il pourrait aller se rhabiller et proposer ses services ailleurs. La porte de l'université lui serait fermée à jamais et... et Dieu que ce dogue était pénible !

– Oui, oui, gentil chien ! ... Si je progresse ? Tu... tu sais ce que c'est. L'enseignement me réclame beaucoup de temps.

Joël balaya la réponse d'une main, comme une nuée de mouches devenues envahissantes.

– Et avec Joce, ça se passe comment ? Tu prends bien soin de ma sœur, j'espère ?

– Bien sûr, Joël. Jocelyne est une chic fille ! Je la mérite à peine.

– Allez, c'est toi le chic type !

Joël donna à Gilles une grande bourrade, ce qui le mit en contact, un instant, avec les babines de Marshall :

– Sinon, concernant ton enseignement…

– Oui ?

– On m'a dit que l'année dernière, tu les as fait cravacher.

– Pas plus que cela, Joël.

Son beau-frère lui prit le bras et l'attira vers lui dans un geste de confidence :

– Gilles, ce sont des *étudiants*. Des gosses qui viennent à peine d'apprendre ba beu bi bo bu. Un prof trop… amoureux des lettres, trop perfectionniste, trop perché, c'est… de la confiture aux cochons.

– Tu penses que je suis trop exigeant ?

– Des gosses, Gilles. Je me mets à leur place : moi, quand je dois ouvrir un bouquin, je tourne déjà de l'œil ! Ha ha ha !

Le grand éclat de rire du directeur surprit les pique-niqueurs et les badauds les plus proches.

Le chien tourna à nouveau son intérêt vers lui, mais l'homme se leva aussi brusquement qu'il s'était imposé.

– Ah, j'en peux plus, de ce clebs ! Bon, je vais voir s'il reste du vin. N'oublie pas ce qu'on s'est dit, Gilles. Les pioupious du Collège de l'Europe Libre.

– Je… Je m'en occupe.

Gilles n'oubliait pas, oh que non !

Dès que Joël se fut éloigné, il alla trouver ses collègues disséminés sur la pelouse. Il essaya de caser ses étudiants slaves. Le pique-nique se terminait, et on n'avait guère d'attention pour Gilles. Marshall collait toujours à son entrejambe : à cause de cela, personne ne le prenait au sérieux.

On ne l'aurait pas traité autrement s'il avait tenté de vendre une revue littéraire auto-éditée.

–Et toi, tu connais *Sous-jacences* ?

Et zut ! Gilles était parvenu à éviter son collègue... jusque-là.

–Je connais ta revue, mais je ne suis pas très...

Hering lui mit un exemplaire au creux des mains.

Le garçon feuilleta la chose. Des textes, pleins de mots, indéniablement ; et de caractères d'imprimerie. De phrases, sans aucun doute. Mais l'intérêt s'arrêtait là : comment pouvait-on dépenser autant d'énergie dans une revue aussi fade ? Pour Gilles, ce Hering, professeur assistant de lettres tout comme lui, restait une erreur de casting. Le type aurait été plus à l'aise à enfiler des feuilles de tabac dans un séchoir au fin fond du Ried...

–Alors, mon vieux ? Tu m'achètes un exemplaire ?

Gilles allait refuser, mais une petite ampoule s'alluma dans son esprit :

–D'accord. Je te le prends !

Il tendit 500 F, un « Châteaubriand », à son collègue, caressa la tête du chien en attendant sa monnaie.

–Et dis-moi, combien as-tu d'élèves dans ton cours ?

Hering frotta pensivement son acné :

–Voyons... pas beaucoup. Je dirais...

À ce moment-là, une bicyclette déboula et stoppa juste devant leur groupe, claironnant des coups de sonnette frénétiques.

Hering et son immonde compagnon baveux en profitèrent pour s'éclipser. Gilles ne put que les voir partir dans une allée, au petit trot, mais il n'eut pas le temps de leur courir après. Et la monnaie de son billet, bon sang de bonsoir !?

Tous faisaient cercle autour de Gilles et du cycliste rougeaud et essoufflé, crispé sur son guidon.

– Scholl, qu'est-ce que tu faisais ? clama Joël. On n'attendait plus que toi !

– Je viens du palais U, fit le nouveau venu. Il y a eu un malheur !

2

Sur la place Brant et aux abords du Palais universitaire régnait la même ambiance de dimanche détendu. De rares voitures passaient, les pneus grondant sur les pavés. Quelques habitants du quartier montaient et descendaient d'un autobus, qui portait sur le toit une réclame « Bières Freysz » et, à l'avant, une plaque « Santé, sobriété ».

L'université, l'*alma mater*, étalait ses ailes sur toute la largeur de la place. À son fronton, les statues des grands philosophes et des découvreurs immortels montaient la garde.

L'image parfaite d'un petit dimanche rhénan...

... n'eût été le groupe de badauds sur le côté de l'édifice. Là, des gardiens de la paix essayaient d'éviter l'attroupement sans attirer, par leur manège, encore plus de curieux.

Gilles avait à peine fini de garer sa voiture que son passager, Joël, en jaillit. Lui se dépêcha de la verrouiller et de le rattraper.

Le responsable des effectifs, avec sa carrure de gorille, écarta sans pitié les curieux, et Gilles resta dans son sillage.

En s'approchant de la petite foule, il aperçut Denise Bellegarde. Il lui fit un signe de tête, mais la petit femme sèche, la soixantaine, cheveux gris en chignon serré, pinça les lèvres : plus tard, les papotages. Elle subissait déjà les questions d'un inspecteur de police.

Puis le dos massif de Joël s'effaça, et Gilles perdit le fil de ses pensées :

Sous un arbre, dans la pénombre des buissons, des membres désarticulés.

Un homme ; les vêtements couverts de sang.

Le visage dissimulé dans la broussaille.

Un pied en chaussette ; le soulier avait volé, peut-être, pendant la fuite, ou pendant... ce qui avait suivi.

Le monde de Gilles s'effilochait, s'animait en une danse infernale. Le décor, les gens flageolaient autour de lui.

Un homme, un pauvre type broyé par un orage de coups de pieds et poings, réduit en miettes, rendu à l'état de sac de peau plein d'os en vrac.

– Ça va, Gilles ?

Il se massa le front, le visage. Il était appuyé contre le fût d'un arbre, à deux mètres à peine de... l'autre.

Il détourna les yeux. Hocha laborieusement la tête.

– Oui, Joël, je... disons que oui.

Un peu à l'écart, derrière les buissons, à l'abri des oreilles des curieux, un autre policier, moustache et bras de chemise, interrogeait un groupe de jeunes gens. Visages fermés, apeurés. Regards tournés vers les chaussures.

L'assistant questionna Joël :

– On sait qui est le... Il s'agit d'un habitant du quartier ?

Les vapes de Gilles avaient duré un certain moment : le responsable des effectifs avait déjà pu se renseigner.

– Possible. Son portefeuille a disparu. Et il paraît que son visage...

Il ne restait de cet homme que cette chose en désordre, poussée à la va-vite sous des buissons, comme un déchet honteux. Nul ne pouvait distinguer son visage, perdu dans l'ombre ; mais Gilles voyait tout de même nettement *des yeux écarquillés d'horreur, une lèvre pleine de salive et de sang, étirée sur un cri qui ne sortirait plus.*

– Une sale mort, nota Joël, ce qui dissipa sa vision. Il a été roué de coups jusqu'à ce que le cœur déclare forfait. Le gars a dû agoniser un moment.

Comme Gilles gardait le silence, Joël poursuivit :

– Apparemment, il a été dévalisé mais si tu veux mon avis... ça vient des Algériens. Ces gens-là ne digèrent pas ce qui est arrivé à l'Organisation spéciale il y a quatre ans ; les arrestations, les procès à huis clos... Et ils ont décidé nous rendre la monnaie de notre pièce.

Joël attendit l'approbation de Gilles, qui ne vint pas.

– Ça fait peut-être des heures qu'il est là. Depuis la nuit dernière, va savoir. Vu où il est caché, il fallait vraiment que quelqu'un tombe dessus. Ce sont des étudiants qui l'ont trouvé. Ce groupe là-bas (il désigna du menton la petite troupe qu'interrogeait le policier moustachu), tu sais, on parlait d'eux, justement... Mais rapprochons-nous, ça sera plus simple.

Ils étaient cinq, garçons et filles. Un petit bellâtre avec une coupe pompadour, la même qu'Elvis ; deux autres gars, les traits durs. Des têtes de tueurs sur de petits costumes d'été. Et puis deux filles, dont une débordant de classe et de poésie ; mais avec le regard épouvanté de quelqu'un qui a vieilli de cinq siècles en cinq minutes.

Gilles, toujours à la remorque de Joël, traversa les fourrés en direction des jeunes gens. L'inspecteur s'interposa :

– Dites donc, vous deux : si on a besoin, on vous enverra un carton.

– Joël Prigent. Et voici Gilles Schaeffer, le professeur de ces jeunes personnes. Vous avez bien remarqué qu'ils étaient étrangers, hein brigadier ? Eh bien, leur référent en France, en quelque sorte, c'est monsieur Schaeffer.

Gilles prit un coup de sang, jeta un regard assassin à Joël : il n'avait pas encore accepté !

Mais le policier, soulagé, coupa court à toute objection :

– Aaaaah, alors, vous tombez bien ! On cherchait justement quelqu'un comme vous ! Hep, vous autres !

Il interpella le petit groupe d'étudiants :

– Le monsieur, là, il va tout bien vous traduire.

Gilles chercha Joël près de lui, mais l'autre était parti brasser du vent plus loin. Il se gratta la nuque, jeta un œil aux buissons où se trouvait... l'homme broyé. Il essaya d'accrocher le regard des cinq jeunes gens.

– J'apprends tout juste ce qui se passe. Est-il vrai que vous avez découvert le... la victime ?

L'une des deux filles approuva d'une voix grave, presque masculine :

– Nous allions pique-niquer sous les arbres. Vilmos a vu quelque chose qui dépassait de sous les buissons. Et voilà.

Le garçon à la pompadour, costume biset, cravate ficelle, fit un signe de tête ; Vilmos, sans doute. Ce type avait un regard absolument clair, magnétique ; on aurait presque cru qu'en vous fixant un peu, il pouvait lire dans votre cortex.

L'inspecteur de police grogna :

– Et pourquoi vous me dites pas tout ça, vous autres ? Tout ce que je demande, c'est de comprendre !

Les jeunes gens se crispèrent une fois de plus, jetèrent des regards de détresse à Gilles.

– Ce sont des étudiants du Collège de l'Europe Libre, monsieur l'agent.

Le policier avait manifestement besoin qu'on éclaire sa lanterne.

– ... L'université privée américaine ; pour les Slaves ; au Pourtalès.

–Mais alors, qu'est-ce qu'ils font ici ? Ils sont pas censés passer leur dimanche au château ?

–Je crois qu'ils se sentaient... un peu isolés, avança Gilles. Ils n'ont pas arrêté le travail pour l'été, contrairement aux étudiants français : ils suivent des cours au château, en attendant la rentrée.

Gilles dévisagea les cinq étudiants, leurs efforts pour paraître détendus, indifférents à leur sort. Est-ce qu'au moins ils comprenaient ce qu'il racontait ? Gilles sentit qu'il s'émouvait, qu'il s'embrouillait alors qu'il développait ses explications.

–Ils... ils partagent le même esprit de liberté que nous, en Occident. Ils sont venus en France pour apprendre, pour travailler, dans le respect de nos valeurs. Ceux-là sont étudiants de lettres, et je suis... et leur professeur est Denise Bellegarde, cette dame, là-bas. Ils auront bientôt aussi un professeur assistant, quelqu'un chargé de leurs travaux dirigés, de corriger leurs copies, ce genre de choses.

–C'est bien vrai tout ça ? fit l'inspecteur, hargneux, au petit groupe. Vous parlez français, au moins ?

–Justement, reprit Gilles, pas tous, je suppose ; pas très bien. Et puis...

Gilles baissa la voix.

–... Ces jeunes gens viennent des pays d'Europe de l'Est. Ils ont fui le bloc soviétique. Là-bas, la prudence face à la police, c'est une règle de survie. Rien à voir avec notre incomparable police française.

Le visage de l'inspecteur s'illumina :

–Ah ben oui, évidemment. Ils ont fichu leur camp de là-bas ; tout s'explique ! Alors, on va s'y prendre autrement. Vous pouvez leur traduire ?

–Mais je ne sais pas du tout...

En articulant lentement, le policier annonça aux étudiants :

– Vous témoins, vous utiles à l'enquête. Moi besoin réponses, dépositions. Juste les faits. Vous suivre moi au commissariat, rue de la Nuée-Bleue. Avec votre professeur, si vous voulez. Vous d'accord ?

La jeune fille qui avait déjà parlé hocha gravement la tête :

– Nous sommes tout prêts à coopérer avec la police française, monsieur l'inspecteur. C'est bien volontiers que nous vous suivons jusqu'à vos locaux.

3

– ... Claudé, Dziedzic, Hoff...

En quelques semaines, le froid était tombé sur Strasbourg. Le Palais universitaire, après les années de guerre, reprenait à peu près son plein effectif. Dans la zone réservée à la Faculté de lettres, on pouvait croiser des étudiants en littérature, certes, mais aussi en histoire, géographie, philologie, psychologie, philosophie, en langues... Malgré cela, à cause des températures, personne ne s'attardait dans les couloirs glaciaux.

Gilles et la plupart des étudiants français frissonnaient dignement dans leurs blazers-cravates et chemisiers en mousseline. Les autres disparaissaient dans des chandails informes, mais épais... Des visages lunaires ou taillés à la serpe, des demoiselles bien maquillées.

– ... Katowicz, Kretz, Lherbier...

Eux, elles, les autres. À chaque fois que son regard tombait sur eux, Gilles avait envie de se botter les fesses.

Il avait dit oui. Il les avait acceptés.

Et la « petite quinzaine » annoncée par Joël s'était avérée une bonne vingtaine. Qui se tenait là, en bloc, aux premiers rangs de son cours inaugural. « Les pioupious du Collège de l'Europe Libre. »

–... Milkovic, Müller, Munier...

Le professeur assistant, debout sur l'estrade, faisait les cent pas tout en déroulant l'appel. Il essayait de repérer les visages, les signes distinctifs ; plus vite il saurait nommer ses nouveaux élèves, mieux il « tiendrait » son cours, par la suite...

–... Schott, Vass, Vechenyi.

Arrivé à la fin de sa liste, il laissa planer le silence sur sa quarantaine d'étudiants. Quelques-uns se connaissaient ; la plupart échangeaient des moues curieuses. Il fallait que Gilles donne des explications, avant que naissent des rumeurs ou de la défiance.

–Bien. Certains d'entre vous m'ont déjà eu l'année dernière. Pour les autres, vous ferez vite connaissance, j'imagine. Vous avez certainement remarqué une particularité dans la liste d'appel...

Rémi Schott posa sur ses voisins un regard triomphant de bêtise. Bien sûr qu'il avait remarqué : la classe était pleine d'étrangers !

–Nous avons l'honneur d'accueillir dans la classe un groupe d'étudiants slaves. Des élèves du Collège de l'Europe Libre.

Schott leva la main :

–Est-ce qu'ils vont rester longtemps ?

D'autres questions tombèrent en rafale autour des personnes concernées ; les Slaves, eux, restaient impassibles.

–Nous parlerons de ceci, mais plus tard, si vous le voulez bien. Je ne crois pas que ce soit l'urgence. Je vous demande juste de leur faire bon accueil, et de leur montrer ce que l'hospitalité des étudiants français veut dire. Voilà tout. Nous sommes bien d'accord ?

Gilles reçut une approbation molle de la part des Français ; quelques sourires échangés entre les autres ; il faudrait bien qu'il s'en contente.

– Madame Bellegarde vous a déjà expliqué notre organisation, je crois. Avec elle, vous verrez les auteurs, les mouvements, les grands concepts. Ici, nous ferons de l'analyse, des travaux pratiques ; et vous allez voir, cela va être passionnant.

Toujours ces mines sévères du côté du « bloc de l'Est ». Gilles se demandait s'ils le désapprouvaient, ou bien s'ils ne comprenaient simplement pas une virgule à ce qu'il disait.

– Alors, un nom d'auteur, pour commencer ? Quelqu'un que vous appréciez ? Une œuvre ? ... Non ?

Le calme plat, toujours. La solennité tranquille, studieuse, de cette salle de classe du palais U.

Gilles réfléchit un instant. Puisque personne n'avait d'idée, lui en avait pour dix. De mémoire, il écrivit au tableau :

Tes yeux sont si profonds qu'en me penchant pour boire
J'ai vu tous les soleils y venir se mirer.

Il toisa l'assistance, guettant son effet. Schott plissait le front ; la petite Munier lisait avec application, articulant en silence. Toujours appliquée, celle-là. Est-ce qu'il y avait une chose qu'elle accomplissait sans jouer les petites filles modèles ?

Et les Slaves, ça leur parlait, Aragon ? Ils semblaient déchiffrer plus ou moins laborieusement.

Il dévisagea ses étudiants à tour de rôle, essayant d'inspirer la confiance.

– Alors, la classe ? Qui peut me dire au moins le siècle où ceci a été écrit ?

– 1942, fit une voix un peu éraillée, masculine. Louis Aragon, *Les yeux d'Elsa*.

Gilles souffla de soulagement et sourit à la jeune Polonaise. Lena Katowicz; celle qui avait si bien parlé le jour où… le jour de la découverte… le jour où ils étaient tous rentrés de l'Orangerie en catastrophe.

Il prit son temps pour mieux l'observer, Katowicz. Elle était emmitouflée dans un gros chandail, comme ses camarades, mais elle gardait une posture élégante, déliée. Elle était plus petite que les grands flandrins de Slaves autour d'elle, mais habitait tranquillement son espace personnel. Son visage perdu au milieu de ses lourds cheveux, les traits de son visage paraissaient presque miniatures. Attentive, prête… : de tout son groupe, de toute la classe, elle semblait la seule pour qui les vers écrits au tableau ne représentaient pas une colle, un problème, une tuile.

–Haha, s'amusa Gilles, soulagé, le salut vient de l'Est, je le savais! Hum… Merci, mademoiselle. Puisque vous avez la parole, gardez-la un peu: que pouvons-nous dire sur ces deux vers?

Lena le fixa sans répondre. Il s'adressa à la classe.

–Quelqu'un d'autre? Formellement, par exemple. Ces vers sont des alèèè…

–… xandrins! fit Schott, triomphal.

–Merci, oui. Mais encore?

Gilles jeta un œil à la pendule Jaz posée sur son bureau. Elle allait être longue, cette première leçon…

Il se mit en marche, au pas de promenade, dans l'allée centrale; se mélanger à ses élèves, cela pouvait stimuler leur motivation.

–Que peut-on en dire? Comment cette phrase d'Aragon est-elle construite? Oubliez qu'il s'agit de poésie, pensez grammaire…

–La poésie, ça ne se «construit» pas.

Depuis le fond de la salle, il se retourna. Il n'avait pas l'habitude qu'on le conteste. Aucun enseignant n'en avait l'habitude… Tous les regards étaient braqués sur la perturbatrice. Lena, à nouveau.

– Un peu péremptoire, mademoiselle. Pourquoi ne construirait-on pas un texte comme on construit une…

Débordant de nervosité, Lena avait fait volte-face sur sa chaise pour lui répondre :

– On n'explique pas la littérature, car cela détruit la magie. C'est… trop beau ! Trop beau pour ça !

– Ah ! Et vous n'êtes pas curieuse de savoir *comment* c'est beau ? Par quels moyens ? Qu'est-ce qui fait que quelque chose est beau ?

Gilles revint à grands pas vers l'estrade, fébrile ; incapable de sentir si son cours prenait une très bonne, ou une très mauvaise tournure.

– Personne ne peut dire le pourquoi, insistait Katowicz ! C'est beau, c'est tout.

– Personne ? Peut-être que *vous* ne pouvez pas ; peut-être que vous… n'osez pas ?

Lena se tassa sur elle-même, vexée.

Autour d'eux, l'assemblée hésitait sur l'attitude à prendre.

Ce n'était pas ainsi qu'une leçon se déroulait : la connaissance était dispensée par un professeur dans les cours magistraux en amphithéâtre, puis soutenue et reprise par un assistant en travaux dirigés. Quand une œuvre, une période avait été épuisée, les étudiants se soumettaient à des contrôles écrits, que les assistants corrigeaient. Et on recommençait avec l'auteur suivant. Nulle part dans le processus, il n'y avait de place pour la contestation et les pseudo-prétentions intellectuelles des gamins.

Mais Lena Katowicz n'était pas au courant de tout cela, sans doute :

– Expliquer la littérature ennuie tout le monde ! Au lieu d'expliquer, on peut lire plus ! Expliquer, ça n'intéresse que les vieux messieurs impuissants au fond de leur bureau universitaire.

– Je... eh bien...

Bien sûr que Katowicz avait tort, du haut de ses vingt ans ; mais comment le lui démontrer vite et bien ?

Elle allait ajouter quelque chose, mais Schott, à son tour, vola la parole :

– Ah, la barbe avec ça ! Tais-toi, la Russe, et écoute le prof. Comment il faut te le dire, tu comprends pas le français ? Vous êtes tolérés ici, vous autres les Ruskofs du château.

Le garçon vérifia son effet sur l'auditoire silencieux et continua, plus sûr de lui :

– De toute façon, le Pourtalès est devenu un nid d'espions, tout le monde sait ça ! Oh, les pauvres petits réfugiés ! Vous êtes tous à la solde des Rouges, on le sait bien ! Vous venez ici pour retourner l'opinion des hommes libres ! Mais on ne veut pas de ça en Alsace ! Alors, en attendant qu'on vous renvoie en Russie, fais profil bas, ça sera mieux pour tout le monde !

Bouillante de colère, Katowicz se leva, ainsi que d'autres étrangers de la bande. Elle articula, dans un français troublé par sa violence :

– Je suis Polonaise, imbécile ! Tu devrais lire les journaux avant de juger si j'ai le droit d'être ici !

Elle soupira et reprit, la voix troublée par ses souvenirs :

– Là-bas, j'avais déjà effectué beaucoup d'années d'études. Un jour, j'en ai eu assez, de surveiller autour de moi quand je parlais, de me méfier des lettres que j'envoyais, des gens que je croisais, de mes propres amis. De me torturer pour trouver un sujet de thèse politiquement acceptable. Assez, de devoir quémander des bons pour pouvoir faire la queue, pour obtenir de l'huile ou du pain. J'ai demandé l'autorisation de partir, de poursuivre mes études en France. On m'a répondu que j'étais trop bête pour apprendre le français ; à moi qui préparais un doctorat ! Puis les refus se sont durcis : depuis ma naissance, l'État veillait à tous mes besoins. Si j'émigrais à l'Ouest, ce serait une rupture de contrat, une trahison... J'ai fini par partir, tout de même. Je suis arrivée en France, enfin, et je suis allée... en prison. Eh oui, j'ai fait de la prison, figure-toi, le Français ; un mois dans vos prisons françaises ! Sans savoir, encore une fois, ce qu'on déciderait pour moi, à ma place !

La Polonaise fit une pause, juste le temps de retrouver son souffle :

– Puis je sors de prison, puis j'arrive dans cette ville, dans cette faculté. Et me voilà ici, obligée de refaire ma première année au milieu de ces... étudiants moelleux ! Vous avez de beaux vêtements, de beaux stylos payés par Papa-Maman ; nous, nous devons vivre avec trois cents francs par mois ! Vous êtes là, à attendre la fin du cursus. Réussite ou pas, vous aurez une place assurée, votre famille y veillera. La poésie, la littérature c'est du gadget, pour vous. Pour moi, pour nous autres, c'est ce qui nous a permis de tenir ; et qui nous le permet encore. Alors tu vois, le Français, si je veux critiquer le professeur, je le ferai ! Contente-toi de *te* taire, ça sera mieux pour tout le monde.

Les Françaises envoyaient à la Polonaise des regards aigus comme des missiles. Les garçons français et étrangers avaient repoussé leur chaise, se tenaient debout en se défiant du regard. Le débat allait bientôt quitter le plan des idées...

Schott, côté français, semblait le plus impatient d'en découdre ; du côté des Slaves, c'est le garçon à la pompadour, Vilmos Vass, qui se plaçait en champion, et adressait de petits sourires confiants à Lena et aux autres demoiselles.

Il fallait que Gilles réagisse, tout de suite.

– Dites-moi, Schott, et vous, Vass : mon cours ne vous intéresse pas ? Voulez-vous que je fasse un rapport ?

Les deux prirent un air embarrassé tandis que le silence tombait sur la salle.

– Heu, si si, monsieur Schaeffer, je suis très intéressé ! assura Vilmos.

– Oh oui ! Moi aussi, Aragon, les yeux dans les soleils ! ... Tout ça ! enchaîna Schott.

Tous savaient ce qui se jouait : Gilles pouvait signaler tel ou tel élève à l'administration. Pour Schott, cela compromettrait son cursus. Pour Vilmos, ce serait catastrophique : des élèves du Pourtalès se faisaient radier chaque année, et pour moins que cela ; ils n'avaient plus qu'à aller se faire pendre ailleurs. Avec toujours la hantise d'être renvoyés chez eux.

L'assistant profita du calme pour ramener le cours dans les rails.

– Bref. Est-ce qu'expliquer un texte est l'affaire des vieux barbons au fond de leur bureau ? Je ne sais pas si je suis vieux et impuissant, mademoiselle Katowicz. Je sais que j'aime démonter la mécanique, les petits rouages d'un texte, mais comme un horloger, sans sauvagerie, prêt à tout remonter ensuite pour écouter le tic-tac ramené à la vie.

Il laissa à chacun le temps de sentir la nuance.

– Et vous savez pourquoi j'aime cette pratique, mademoiselle ? L'explication de texte, l'analyse ? Pourquoi j'y reviens depuis toujours, sans parvenir à me lasser ? Parce qu'expliquer un texte, cela me révèle à moi-même. Voir comment les mots fonctionnent sur moi, comment ils atteignent leurs effets, cela me dit un peu plus *qui je suis*. Et savoir qui on est, mademoiselle, on n'a pas assez d'une vie pour cela... Vous devriez essayer.

La jeune Polonaise ne bronchait plus. Enfoncée dans ses vêtements, dans sa chevelure, elle réfléchissait, boudeuse.

Finalement, la leçon avait fini par ressembler à quelque chose. Après ces passes d'armes, d'autres élèves avaient voulu s'en mêler, dire quelque chose. Les Slaves, une fois tirés de leur réserve, avaient des idées très valables, un niveau de langue à peu près suffisant.

Si bien que lorsque Gilles vérifia à nouveau son Jaz, l'heure de cours était passée depuis un bon moment. Les étudiants français remuaient et renâclaient sur leurs chaises. Il donna le signal de la dispersion.

Presque tous se ruèrent vers la sortie. Vilmos, Lena et quelques autres du Pourtalès restèrent autour de lui. Ce n'est qu'en débouchant au rez-de-chaussée, alors qu'ils dépassaient les urnes de pierre géantes, de part et d'autre de l'escalier, que l'assistant se retrouva seul, enfin.

4

– Vous avez demandé à me voir ?

– Oui, oui, Schaeffer, entrez.

Denise Bellegarde lui désigna la chaise devant son bureau encombré de dossiers. Il entra dans la pièce étroite, obscure, louvoya entre les piles de livres, de manuscrits, jusqu'à la vieille chaise en contreplaqué. Bellegarde avait beau être une excellente chercheuse, et un miracle de présence féminine dans l'univers si phallocrate de l'université, on n'allait pas non plus lui offrir un grand beau vrai bureau...

Madame le professeur, manifestement, se fichait bien de ces brimades matérielles.

Depuis des éternités qu'elle enseignait à la faculté de lettres de Strasbourg, Bellegarde alignait les publications. On lui devait des titres renommés, une biographie magistrale de Jean Racine, des travaux sur l'esthétique du XVIIe, sur la métrique, des traductions... Elle dirigeait le comité de lecture d'un gros éditeur suisse. À sa manière, Denise Bellegarde s'était rendue incontournable dans les couloirs du « palais U » : on n'osait pas prendre la parole, écrire sur certains sujets sans la consulter...

Gilles attendit patiemment qu'elle finisse de remplir des paperasses. Cette femme vieillissante, fumeuse, chignon, immenses lunettes, éternels pantalons, cette femme tenait sa thèse entre ses mains et, par le fait, son avenir dans l'institution.

– Mon petit Schaeffer, nous avons déjà parlé de la conférence, je crois ?

Oh oui, ils en avaient déjà parlé ! Depuis au moins la fin d'année dernière, et plutôt trente mille fois qu'une ! Un sujet qui secouait, tout à fait dans l'air du temps, un plateau de grande qualité... Il ne restait que deux semaines pour tout régler, et Denise Bellegarde ne tenait plus en place.

– Bien sûr, madame le professeur. « Écrivains de la collaboration : jusqu'où ne pas pardonner ? », avec Barnier, Riflot, et peut-être Jean Paulhan. Je serai là dès le matin, et...

– Tant mieux, parce que vous allez participer.

Gilles se tortilla sur sa chaise, qui émit un soupir d'agonie.

– Je... Vous pensez qu'il y aurait de la place... ? Monsieur Paulhan ne viendra pas, c'est cela ?

Est-ce que c'était *le* moment ? Est-ce que Bellegarde lui demandait tout simplement de venir présenter ses propres travaux ? Est-ce qu'il aurait le temps ? S'il passait quelques nuits blanches, il pouvait produire, d'ici deux semaines, quelque chose de correct...

– Si, il viendra, et je ne vois pas le rapport. Je vous parle de (Bellegarde compta sur ses doigts) vestiaire à gérer, avant et après la séance, de boissons à servir à la pause, de programmes à distribuer dans les allées…

– Ah, oui, bien sûr.

– Vous comprenez, tout ceci reposait sur mon premier assistant. Mais Célice est mort, et rien n'a été fait depuis. Il faut tout de même que nous avancions sur ce dossier.

Gilles grimaça un sourire.

On connaissait à présent l'identité de l'homme qui avait été agressé à l'ombre du Palais universitaire. Il travaillait ici même, à la faculté de lettres : Patrick Célice, le premier assistant de madame le professeur Bellegarde.

Gilles se rappelait le personnage : un type trapu, blagueur. Un collègue, un semblable, qui se trouvait depuis un peu plus longtemps que lui dans la carrière. Une fois ou deux, Patrick avait donné à Gilles des conseils pour survivre dans le panier de crabes universitaire. Survivre… quand on pensait à l'état dans lequel on l'avait retrouvé…

La Préfecture avait publié un communiqué sur l'affaire. C'était encore pire que les hypothèses les plus folles : malgré les apparences d'une agression improvisée, de vol avec violences, il s'agissait d'un règlement de comptes entre « agents de puissances étrangères ». Par « puissance étrangère », on imaginait évidemment les États soviétiques. C'est le Préfet qui avait annoncé lui-même ces conclusions, mais il avait refusé d'en dire plus.

Denise Bellegarde semblait bien la seule à ne pas s'émouvoir de l'affaire. Dans les couloirs du Palais U, dans les bureaux, dans les milieux étudiants, on ne parlait que de ce meurtre. Pour les besoins de l'enquête, de nombreuses personnes, enseignants et étudiants, avaient eu droit à un petit entretien avec un inspecteur… Dans le cours de Gilles,

les étudiants du Pourtalès, Tchèques, Polonais, Roumains, Hongrois, Yougoslaves s'étaient repliés sur eux-mêmes et n'osaient plus se regarder. À l'internat du château, depuis toujours, ils se soupçonnaient tous; l'enquête des RG venait souffler sur les braises. Les vieux réflexes ont la vie dure.

Entre les élèves français, occidentaux, certains étaient aussi à couteaux tirés. Ceux qui lisaient *L'Humanité d'Alsace et de Lorraine* criaient aux fausses conclusions, à la « police aux ordres », ou alors demandaient un complément d'enquête. Dans le journal revenaient les vieilles critiques contre le Collège, « école d'espions », provocation... Les rédacteurs appelaient à manifester sur place, au Pourtalès.

La menace était bien réelle: pour le cas où les communistes iraient manifester au château et où les échanges tourneraient mal, le gardien de nuit portait une arme. En tout cas, c'est ce que disait la rumeur...

D'autres, à l'opposé du spectre, appelaient à manifester contre l'URSS, les Rouges: qu'est-ce que c'étaient que ces gens qui venaient dans un État souverain pour s'entre-assassiner? Qui prenaient la France et l'Alsace comme terrain de jeu?

Et ils englobaient parfois dans leur colère tous les Slaves de la ville, tous les ressortissants d'Europe de l'Est, y compris les étudiants du Pourtalès... C'est cela, Gilles l'avait compris un peu tard, qui s'était joué durant sa première leçon, et pas un débat passionné sur le sens de la littérature...

– Alors, Schaeffer, qu'en dites-vous? Pour la conférence, je peux demander à Hering, si ce n'est pas possible pour vous...

Gilles s'ébroua. Hering? Et pourquoi pas? Qu'il travaille un peu, celui-là, qu'il fasse le larbin de Bellegarde, pour changer... Mais d'un autre côté, comment madame le professeur titulaire allait le prendre, si Gilles l'envoyait aussi grossièrement se faire voir? Et puis...

Et puis il y avait une autre possibilité. Un autre... montage.

–Écoutez, je vais prendre cette mission. Seulement, il y a autre chose, madame le professeur. Nous n'en avons pas vraiment parlé mais...

–Oui ? fit-elle sèchement.

–Ces élèves surnuméraires, cela représente beaucoup de travail. Si je dois encore me charger de tâches pour la conférence... Sans compter mes recherches pour ma thèse...

Bellegarde soupira.

–Vous voulez que je vous décharge des étudiants slaves, c'est bien ça ?

Il acquiesça, en essayant de ne pas paraître trop fébrile. Oui ! Il le voulait ! Il ne voulait plus d'empoignade verbale en classe. Il ne voulait que ses étudiants français, bien rangés et bien sages.

–Moi non plus je ne les aime pas, ces étudiants, Schaeffer. Je n'ai rien contre eux, attention ! Cependant, j'ai fait tout ce que je pouvais pour freiner l'admission de ces élèves en fac de lettres. Une fondation étrangère, sur fonds privés, qui vient en aide à certains étudiants sur un critère politique, sur un critère de pays d'origine, c'est contre toutes les valeurs universitaires ; vous n'êtes pas d'accord ?

–Heu, si, peut-être. Tout de même, les Rouges aussi tiennent ce genre de propos...

–Je vous croyais plus fin que cela, mon petit vieux ! (Elle ajouta après un soupir) De toute façon, l'opinion pense comme vous : quoi qu'ils fassent, les universitaires sont considérés en bloc comme des cocos.

Bellegarde fit un geste fataliste.

–Pour en revenir à vos étudiants... Je suppose que votre proposition est équitable : vous m'épaulez pour cette conférence, et je vous débarrasse des étudiants de l'Est. Marché conclu, comme on dit...

Gilles lui aurait presque sauté au cou. N'eût été son air pincé, son physique revêche et son haleine de fumeuse, oui, il lui aurait sauté au cou.

5

2 décembre 1954
de : Yegoza
à : Vestnik
(décrypté et traduit du russe)

Comme vous le savez, l'agent Skazka n'est plus en charge.

Vous connaissiez le projet Щ (Chtch). Vous êtes désormais son nouveau rédacteur.

Vous vous rendrez à Genève, auprès de « Nabat », pour toucher votre matériel :

- machine à écrire modèle Moskva
- appareil photo de type Leica IIIc

Pour la dépose des documents, voici la nouvelle boîte aux lettres : Bibliothèque nationale et universitaire, grande salle de lecture, rayonnage de la section E03, entre les ouvrages suivants :

- *Šumerisches Lexikon. Heft 1,* Anton Deimel
- *Šumerisches Lexikon. II Teil,* Anton Deimel

La dépose se fera les lundi, mercredi et vendredi, entre 17 h 30 et 18 h 00.

Comme la loyauté de Skazka a été mise en cause, ses travaux ne sont pas recevables. Vous reprenez donc Chtch depuis le début.

Pour rappel, cela représente environ 230 documents. Une grosse moitié avait déjà été rédigée durant l'année

1953, et extradée. Vous disposez de 28 semaines pour tout reprendre, jusqu'aux vacances universitaires d'été.

Je sais que la tâche sera difficile, mais je sais à qui je la confie, et je suis certain que vous l'accomplirez. Le retard doit être rattrapé. Le projet Chtch doit aboutir. L'avenir de nos républiques sœurs en dépend.

6

Les leçons se succédaient. Gilles attendait impatiemment le jour de la conférence, et de sa délivrance. Il ne savait plus comment prendre sa classe. Chacun tirait de toutes ses forces de son côté : Schott et ses chemises bien repassées, boutonnées serré, la petite Munier et ses 12 ans d'âge mental, Vass avec sa pompadour sur-travaillée, Stoichev, Katowicz, Shapiro...

La « bande des Vitch », comme les appelaient les Français, avait vite compris les ficelles de l'explication de texte. Certains parvenaient à peine à construire une phrase dans leur langue d'accueil, mais les autres se lançaient de toute leur fougue dans l'exercice. Les filles de l'Est, surtout, étonnaient Gilles : leurs postures, leurs vêtements, leurs gestes, leurs idées, surtout, étaient ceux de femmes mûres. Rien à voir avec les Françaises, qui tentaient d'avoir l'air « chouette » dans leurs robes-sacs et leur jupes-corolles...

La plupart des étudiants français avaient lâché l'affaire. Ils préféraient s'installer en fond de salle et chuchoter de choses et d'autres, pendant que le reste des élèves « planchait ». D'autres, enfin, voyaient tout cela comme un match, une compétition, et faisaient bien des efforts pour obtenir la parole, voire la prendre aux camarades.

Bref, l'ambiance était désolante.

Les aiguilles du Jaz avançaient plus lentement à chaque cours, et Gilles se demandait s'il ne devrait pas l'apporter chez un horloger...

Cette fois-ci, il jeta l'éponge dix bonnes minutes avant la fin :

– Je vous remercie. À présent, voici les lectures conseillées. Certaines vous ont peut-être déjà été suggérées par madame Bellegarde. Il va sans dire que tout doit être lu d'ici deux semaines.

Il énuméra à toute vitesse une dizaine d'ouvrages. Il vit les étudiants les plus lents échanger des coups d'œil paniqués. Ceux de la bande des Vitch griffonnaient, imperturbables. Gilles les écrasait tous de travail, même s'il sentait bien que ce n'était pas une solution. Plus que deux petites semaines à tenir...

Vass leva la main. Toujours lui, grande gueule, sûr de ses soutiens.

– Monsieur, comment allons-nous faire ? Cela représente beaucoup de références à la fois...

– Est-ce trop d'efforts, peut-être ? répliqua le professeur, avec une mesquinerie assumée.

Gilles aimait lire, bien sûr. « Dévorer », plus exactement. Et il aimait faire lire, donner à lire. S'il avait eu une baguette magique, il aurait fait pleuvoir la chose imprimée sur les étudiants, les amis, les passants dans la rue... À chacun son texte : il était sûr qu'il y avait pour tout le monde, quelque part, le roman idéal, l'histoire parfaite.

Il se rendait bien compte qu'il exagérait, à voir la mine gênée des gens devant ses rafales de références. Jocelyne, leur cercle d'amis, ses beaux-parents... : ils ne lisaient jamais. Jamais ils n'ouvraient le livre qu'il leur conseillait, alors même que, Gilles le savait, ils en auraient été transportés. Longtemps, il avait souffert de cette manière dont ses efforts étaient reçus ; ce mépris total pour les perles de lecture qu'il allait pêcher au fin fond des profondeurs littéraires. Maintenant, il s'en faisait une raison.

Il s'en faisait une raison... en général. S'agissant de ses étudiants, il n'avait pas de pitié : ils étaient là pour bouquiner jusqu'à plus-soif, pour se plonger, jusqu'aux cheveux, dans la chose écrite.

Le jeune Hongrois haussa les épaules :

– Trop d'efforts ? Bien sûr que non. Mais comment trouver tous ces titres en si peu de temps ? Je suis sûr que certains ne sont même plus édités.

Gilles eut un sourire finaud :

– Les bibliothèques ? La BNU ?

Vilmos protesta :

– Je suis entré une fois dans la BNU, monsieur. Je suis reparti. Je n'ai rien compris. Je ne sais pas comment chercher. Où et comment chercher.

Quelques filles autour de lui approuvèrent ses propos. « Regardez-moi ce coq à poules ! » se dit Gilles.

Il questionna les autres. La plupart des étudiants tenaient le même discours. Les Vitch comme les Français. Beaucoup avaient essayé les bibliothèques, parfois même capitulé à l'étape de l'inscription.

Il essaya de poser quelques principes, mais le temps, à présent, se faisait bien court. Il dut permettre la dispersion, à contrecœur.

Alors qu'il rangeait ses affaires, il s'aperçut qu'il n'était pas seul dans la classe.

– Mademoiselle Katowicz ? Je peux vous aider ?

Elle hésita, serra fort la poignée de son cartable.

–Monsieur Schaeffer... Toujours à propos de la recherche documentaire... Vous ne voudriez pas donner une sorte de... cours pratique ?

–Que voulez-vous dire ?

–Eh bien, ce serait plus simple si vous montriez les choses sur place, à la BNU, vous ne croyez pas ? Ça ne prendrait pas longtemps...

Gilles se gratta le menton avec embarras : encore du travail pour ses élèves surnuméraires ?

–Pourquoi pas. Ça sera plus simple en effet. Je vous montre, je vous explique ; après, vous partagez cela avec vos camarades. Vous leur traduisez tous les termes, vous leur montrez à votre tour.

Katowicz fit un petit signe de tête de contentement :

–Très bien, monsieur Schaeffer. Merci. C'est... comment dites-vous ici ? ... Au poil !

Fière de son petit succès, elle quitta d'un pas alerte la salle de classe.

7

Depuis l'estrade, Gilles aperçut les chaises tout en désordre au fond de la pièce. Après avoir noté la liste de lecture, les étudiants étaient partis en trombe. Une fois leur aparté terminé, Lena avait fait de même. Des enfants, encore, qui déployaient toute leur énergie au moment de s'enfuir au plein air et à l'insouciance...

Gilles soupira et se dirigea vers le désordre. Il n'avait que quelques années de plus qu'eux, mais en cet instant il se sentait... canonique.

Il arrangea un peu les chaises, les pupitres bousculés.

Par terre, abandonné dans la cohue, poussé sous un radiateur, un livre, un fascicule de papier beige, ouvert contre le sol. Il ne le connaissait pas. Ce n'était pas une lecture prescrite...

Il le ramassa, le retourna.

Et je serai en rue, et tu seras en vit

Gilles sursauta, jeta le livre loin de lui ; puis le reprit : on ne jette pas un livre. Puis le reposa avec dégoût sur une table ; puis le saisit encore, lut quelques lignes de plus :

Et je serai en rue, et tu seras en vit
Et tu prendras d'assaut mes façades ravies

Qu'est-ce que c'étaient que ces saletés ?

Il feuilleta le livret, le lut du bout des yeux, se concentrant sur le frontispice. *La faculté des plaisirs*. Par Guillemette Lappliquée-Alétude.

Écœurant !

Voilà pourquoi certains gloussaient et ricanaient au fond de la classe ! Gilles se sentit tout honteux de n'avoir rien remarqué. S'il n'y avait pas eu cette fin de séance toute en désordre, il n'aurait même pas su qu'on lisait ces... torchonneries dans son cours, en lieu et place de belle littérature.

Il survola la table des matières : « Le vit tentaculaire », « Les parties prises si j'ose », « Culigramme »... Et celui-ci, quelle horreur : « L'épieu d'Elsa » !

Il retourna au poème entraperçu ; comment s'appelait-il, celui-ci ? « Ville facile » ? De pire en pire !

Viens, mon beau visiteur, et sans guide et sans carte
La main bien refermée sur ta canne de bois.
Longe, frôle et refrôle mes ardentes parois,
Viens perdre ton regard dans mes rues qui s'écartent.

Gilles secoua la tête et revint vers l'estrade. Il avait entendu parler de cette plaquette de poésie, oui. *La faculté des plaisirs*... Elle circulait parmi les étudiants, et dans quelques lieux sulfureux, en ville. Certains collègues gourmands auraient donné cher pour la tenir en main. Sans états d'âme, Gilles envoya l'exemplaire au panier.

Mais qui avait bien pu amener cette chose dans sa classe ? Parmi ses élèves, il n'y avait pas que les couteaux les plus affûtés du tiroir, assurément. Mais il croyait à leur honnêteté à tous. Ce n'était pas anodin : là aussi, il y avait de quoi faire radier définitivement un boursier ou une boursière du Collège ! Alors, qui donc pouvait se procurer ce genre d'opuscule et, qui plus est, l'apporter pour dévoyer ses camarades ? Qui y avait-il dans ce groupe tout à l'heure, en fond de classe ? Des Français ; et quelques Vitch, aussi. La grande Muller, la rousse ; Lartigue, celui qui la suivait comme un chien ; Marina Stroie, qui avait l'air si innocente ; la blonde Schwindenhammer ; elle aussi, on lui aurait donné cent fois l'absolution.

Gilles se rendit compte qu'il continuait à fixer la corbeille et son contenu, et qu'il s'était mis à faire défiler, en pensée, tout ce qui portait la jupe dans sa classe... Il ramena son attention sur ses affaires, furieux contre lui-même. Il fourra rageusement son Jaz, ses livres et ses chemises dans sa sacoche.

... Et l'auteur ? Celui ou celle qui, avec cet immondice, se prétendait poète ? Qui cela pouvait-il être ? Un habitant de Strasbourg ? L'« achevé d'imprimer », comme de juste, manquait : le livre n'avait pas de date de naissance, pas de carte d'identité. Alors qui ? Quelqu'un de la France de l'intérieur ? De Paris, la ville de toutes les transgressions ? En tout cas, cette personne avait un relais à Strasbourg. Un complice qui diffusait localement cette saleté.

Une femme, comme le pseudonyme le suggérait ? « Guillemette Lappliquée-Alétude, je vous demande un peu... » Un homme, peut-être ? Homme ou femme, qui était le plus capable de s'abaisser à de telles...

Et je serai en rue, et tu seras en vit
Et tu prendras d'assaut mes façades ravies

Il essaya de percer, du regard, le secret de l'ouvrage, tassé en vrac au fond de la corbeille. Pour le savoir, il faudrait étudier le texte de près, faire une analyse rigoureuse. Il tendit la main...

Mais voyons, nul n'avait de temps à perdre à de telles futilités !

Gilles boucla brusquement sa sacoche. Il sortit de la salle en claquant la porte.

8

Comme à chaque fois, Gilles se sentait timide et emprunté. L'entrée de la bibliothèque, monumentale, toute de colonnes et de moulures, y était pour beaucoup. Ici, on pénétrait dans un temple, on venait pratiquer une religion de silence et de rectitude.

Mais il s'agissait de bien autre chose pour Gilles. Ça se trouvait là, tout autour de lui, sous ses pieds, dans les caves : les livres. Ils formaient l'assise du bâtiment, ses murs, sa chair. Romans, recueils, essais, monographies, collections de revues, dictionnaires, atlas, fac-similés et incunables, manuscrits et portfolios... les livres l'accueillaient au milieu d'eux, ils le recevaient dans leur masse fourmillante de millions de petites pattes noires... Les mots, les idées, les livres :

une fois passé le hall d'entrée, Gilles renaissait dans cet autre monde, plus sérieux et plus futile à la fois.

Il s'arrêta au vestiaire pour déposer ses affaires. On était en début de soirée, à l'heure de grosse fréquentation : la préposée rangea son pardessus gris au milieu d'une trentaine d'autres tous semblables.

Il croisa Hering, qui venait travailler sur place ; Gilles voulut lui reparler de sa monnaie pour la revue, mais on le tira par la manche :

– Vous êtes là, monsieur Schaeffer, dit Katowicz, satisfaite. Parfait, merci ! Venez, les autres vous attendent.

Il lui emboîta le pas en direction de la grande salle de lecture. Elle aussi était venue. Jusqu'au dernier moment, il s'était demandé s'il ne ferait pas chou-blanc, si ce rendez-vous ne serait pas une farce d'étudiants.

« Les autres » ? Quels autres ?

La grande salle de lecture développait de tous côtés ses volumes monumentaux, ses plafonds sculptés et ses colonnes grecques. Quatre rangées de tables se partageaient l'espace central, presque toutes occupées par des étudiants appliqués, murmurant, crayon en main. Au centre du grand côté, trois bibliothécaires, des hommes, travaillaient à un bureau en demi-lune et surveillaient la salle. Sur les côtés, dans des galeries, s'étendaient les rayonnages des livres en consultation. D'autres rayonnages faisaient le tour de l'espace central, sur trois niveaux. Et dans ce vaste espace, empli d'une assemblée conséquente, on aurait pu entendre trottiner une souris.

Ils étaient au moins une dizaine à discuter au fond de la salle de lecture, près d'une section de philologie antique. Les plus assidus de son cours, Lazarcik, Stoichev, Vass, Dziedzic...

–Vous avez vu, monsieur, fit fièrement Katowicz. J'ai travaillé, n'est-ce pas ? Pas facile d'avoir tout ce monde, mais je suis arrivée à les convaincre.

Gilles la félicita, un peu absent. À quel moment s'était-il imaginé qu'il rencontrerait son élève toute seule ? Mais il était un chic type, enfin, il n'avait pas ce genre d'idées !

L'étudiante poussa les uns et les autres pour lui faire une place d'honneur. La bande s'ouvrit, se tassa pour lui et libéra une chaise, mais n'abandonna pas sa discussion.

On parlait français pour plus de commodité : c'était la langue la mieux partagée entre ces jeunes gens de toutes origines. Le russe aussi, bien sûr ; mais ils préféraient ne pas l'employer.

On débattait à mi-voix, une fois de plus, sur le meurtre de Célice. Les mêmes éléments, vrais et faux, que Gilles avait déjà entendus, s'échangeaient là, plus ou moins dans le même ordre ; avec un peu plus de relief, peut-être, que dans les salles des professeurs.

–Mais on a déjà tout dit sur le meurtre de ce type ! protestait Vilmos Vass. Changez de disque, enfin ! Moi, ces affaires d'espionnage, cela me...

–Vous croyez que Radio Free Europe va évoquer l'affaire ?

–Elle ne l'a pas déjà fait ?

Vilmos avait beau prendre des mines agacées, le sujet n'était pas épuisé pour les autres, et il fallait bien qu'il le supporte.

–Ça serait fou : mes copines restées en Hongrie qui entendraient parler de Strasbourg et de mon université !

–Moi, je préférerais qu'on n'en parle pas ; mes parents écoutent la station, et je n'ai pas envie qu'ils apprennent cette information...

La troupe bourdonnante s'était mise à l'écart, mais ses éclats de voix ne passaient pas inaperçu. Les autres usagers, les bibliothécaires affichaient des mines de plus en plus sévères.

Gilles imposa la voix basse pour se faire expliquer :

– Je ne connais pas la Radio Free Europe ; elle ne diffuse pas chez nous ?

– Radio Wolna Europa, énonça Katowicz. Elle porte un autre nom dans chaque pays. Elle diffuse des émissions, et elle nous envoie aussi des ballons remplis de tracts... On ne sait pas d'où ils émettent, mais tout est dirigé vers nous autres, les pays de l'Est. La station est interdite, et le grand frère soviétique fait tout pour la brouiller.

– Et que contiennent les émissions ? De la politique, si je comprends bien ?

– C'est un peu plus subtil, monsieur Schaeffer. Il y a des programmes de politique, mais aussi d'économie, d'agriculture, de culture.

Katowicz consulta ses camarades du regard et ajouta, taquine :

– ... Et aussi de la musique occidentale dépravante.

Les autres rigolèrent et approuvèrent la description de la Polonaise ; chacun voulut confirmer, pour son propre pays, ce qui avait été dit, le nom local de la station... Puis on baissa la voix, sous les regards agacés des alentours.

Finalement, c'était la première fois que Gilles côtoyait vraiment la bande des Vitch. Quand Joël lui avait mis ces élèves dans les pattes, il lui avait expliqué les grandes lignes de l'opération. Là, c'était l'opportunité d'en apprendre plus, et en direct. Bien sûr, il traînait toujours ces élèves surnuméraires comme un boulet. Mais l'occasion était belle ; et puis le thème du jour, la recherche documentaire, attendrait bien un peu.

Il chuchota à la limite de l'audible :

– Bon, d'accord, Radio Free Europe. Y a-t-il un rapport avec le Pourtalès, avec le Collège de l'*Europe Libre* ?

Katowicz se chargea là encore de répondre :

– La fondation américaine qui finance la radio est aussi celle qui attribue nos bourses d'études. Le « Comité national pour une Europe libre », installé à New-York.

– Une belle initiative, répondit Gilles. Plus j'en apprends sur le collège, plus je suis impressionné. Cela donne un espoir, une porte de sortie pour les jeunes gens qui ne peuvent plus rester à l'Est.

Les membres de la bande des Vitch échangèrent des regards amusés.

– Oui, certes… sauf que tout ceci n'est pas désintéressé, monsieur Schaeffer. Lorsque la guerre froide sera finie, et gagnée, lorsque l'Occident aura repris le contrôle des « pays frères » de l'Union, il faudra bien occuper les postes avec du personnel politique tout neuf, n'est-ce pas ?

– « Repris le contrôle » ? Bien sûr, mais…

– Pour les gens de New-York, nous sommes la future élite intellectuelle, poursuivit Katowicz, les futurs dirigeants de nos pays respectifs. C'est pour cela que les dollars ruissellent sur le château de Pourtalès. On nous prépare à devenir, un jour, grands administrateurs, députés, que sais-je, ministres…

La Polonaise et ses camarades savouraient la mine ahurie de Gilles.

– Et tenez-vous bien, il y a mieux que ça. Vous avez entendu parler de James Burnham, monsieur ?

Cette fois, Vass intervint plus franchement :

– Ah non, pas encore ! Monsieur Schaeffer est venu pour nous apprendre des choses, pas pour écouter nos rengaines d'immigrés !

Katowicz regarda son camarade au fond des yeux, et énonça distinctement :

– Ta gueule, Vilmos !

Le ton, dans le groupe, était monté une fois de plus. Autour, les usagers devenaient franchement hostiles. Gilles fit signe à sa tablée de baisser d'un ton. La jeune Polonaise reprit, en chuchotant de sa voix rauque :

– Donc, à propos de ce James Burnham... C'est un politologue qui a voué sa vie et son énergie à la défense du modèle occidental. *L'Ère des organisateurs*, ce titre vous dit quelque chose, peut-être ? Il arrive aussi à ce monsieur de travailler avec la CIA, d'accord ?

– Voyons, Lena, tu ne vas pas ressortir cette vieille scie ?! Personne n'en a la preuve, insista Vass. C'est de la rumeur de caniveau...

Katowicz répéta plus fermement :

– James Burnham travaille pour la CIA. Eh bien, il se trouve que le professeur Burnham est aussi... un membre du comité directeur de notre collège ! Et il n'est pas le seul « moustache » de l'institution : le capitaine Sabalot, un administrateur américain, est un ancien des services secrets de la Navy.

Le silence s'installa dans le groupe, sans contrainte, cette fois. Gilles se laissa aller contre le dossier de sa chaise, réfléchissant à ce que sous-entendait la jeune Polonaise.

– Ça y est, reprit Vass ? Tu as fini, Lena ? Tu as étalé les ragots ? On peut parler d'autre chose ?

L'intéressée haussa les épaules. Vass fouilla un instant dans sa sacoche sous la table et se dépêcha d'enchaîner :

– ... Parce que j'ai bien mieux que ces âneries. *Il* nous a répondu. Oui oui, on n'y croyait plus mais il nous a répondu.

Le Hongrois fit des sortes de passes magiques dans l'air devant lui et soudain, ses mains qui étaient vides tenaient une épaisse enveloppe. Il la fit disparaître, puis réapparaître deux fois, guettant les réactions de l'auditoire. Tous sourirent d'émerveillement, même Katowicz. Même Gilles.

Ce garçon était un manipulateur, un frimeur, mais doué, sacrément doué.

Pour finir, Vass posa l'enveloppe devant lui, sur la table. Il en tira un courrier plié en quatre et une photo. Tout le monde reconnut l'homme sur le cliché dédicacé.

– Monsieur Giono, les amis. L'écrivain Jean Giono en personne ; il a répondu à notre courrier ; et cette réponse, vous la voyez ici même. Voulez-vous que je la lise ?

Il toisa sa petite assistance, triomphant. Tout le monde ne connaissait pas Burnham, mais tout le monde connaissait Jean Giono ! Dans toute l'Europe. Gilles se demanda qui, dans la bande des Vitch, avait eu le culot d'écrire un courrier au grand écrivain, et ce qui avait décidé ce dernier à répondre.

Gilles en oubliait le motif de ce petit rassemblement. Quand est-ce qu'ils allaient aborder le monde passionnant des cotes, des références et des rayonnages ?

Vilmos Vass s'éclaircit la gorge et lut, en forçant un peu sur le solennel :

Cher monsieur,

Votre lettre me touche beaucoup. Votre initiative est intéressante. Vous me demandez :

1) Si j'ai d'autres projets de romans ? – Mais bien sûr. Je travaille actuellement sur Le bonheur fou, la suite du Hussard sur le toit. Et en règle générale, il y a des projets de romans chez un romancier comme il y a du cuir chez un cordonnier, du bois chez un menuisier etc.

Tous sourirent, approuvèrent de la tête. Même Katowicz adressait des regards plus tendres à son camarade.

Emporté par l'enthousiasme, Vilmos se leva :

2) Si j'ai jamais pensé à écrire des poèmes ? – Si, mais c'est trop difficile. La poésie ne souffre pas la médiocrité.

3) Ce que je pense de votre club de discussion d'expatriés ?

Gilles se demanda ce que l'écrivain voulait dire. Un « club de discussion » ? Cette petite réunion dans la salle de lecture de la BNU n'était donc pas exceptionnelle ? La bande des Vitch avait l'habitude de se rassembler hors des cours ?

3) Ce que je pense de votre club de discussion d'expatriés ? – Que c'est un admirable passe-temps. Admirable tant que vous ne vous prendrez pas au sérieux.

Toute ma sympathie,

Jean Giono

Gilles restait sur sa faim : au fond, il n'y avait pas grand-chose d'utile, dans ce courrier. Le grand écrivain ne s'était pas foulé !

Il faillit ouvrir la bouche et donner son avis, « faire son prof » ; mais tout le monde dans la bande des Vitch semblait très satisfait, et regardait fièrement l'enseignant. Il préféra afficher une moue impressionnée.

Sur quoi Vilmos acheva, triomphal :

– ... et mes amis, le mot « admirable » est *souligné* !

À ce moment, une ombre sèche s'étendit sur leur coin de table. Denise Bellegarde.

– ... Vous m'en voyez ravi, monsieur Vass. Mais cette précieuse communication pouvait attendre que vous vous trouviez à l'extérieur, vous ne croyez pas ?

Gilles demanda un instant ce que madame le professeur fichait là, si elle l'avait suivi... avant de se souvenir qu'elle avait autant de raisons que lui de venir à la BNU.

Il se sentit soudain très bête, très coupable, assis au milieu de ses étudiants surchauffés. Qu'allait-il devenir si sa redoutable supérieure le prenait en grippe ? Sans compter qu'il faisait tout pour se débarrasser d'eux !

– Madame Bellegarde, justement, j'étais en train de... tempérer cette petite troupe. Ils m'ont demandé de les aider à travailler, mais ils se montrent trop dissipés (il se tourna vers eux), n'est-ce pas... ?

L'enseignante abaissa les lunettes qui lui mangeaient le visage :

– Mon cher Schaeffer, êtes-vous sûr de bien employer votre temps ? Ces élèves du Pourtalès, nous imaginons leur parcours, nous prenons en compte leurs difficultés, certes. Mais l'envie de travailler, ou plutôt de ne pas travailler, ne connaît pas les frontières, et rien ne dit que...

Sur ces mots, Katowicz, mortifiée, lui coupa la parole :

– Madame le professeur, sauf votre respect, vous ne savez pas de quoi nous...

– ... et je n'ai aucune envie de le savoir, mademoiselle Katowicz. Vous avez vos amuseries d'étudiante, j'ai mon travail. Tâchez seulement de montrer à mon cours autant d'énergie et d'implication que vous en développez... au milieu de ces garçons.

La tirade avait été foudroyante, et même la jeune Polonaise, qui d'ordinaire avait du répondant, papillota des paupières et se rassit, matée. L'enseignante conclut :

– Une dernière chose : je ne sais pas quelle est la coutume dans vos pays d'origine, messieurs, mademoiselle. Ici, dans la salle de lecture d'une bibliothèque, on se tait.

La vieille femme avait martelé les trois derniers mots. Après quoi, elle se tourna comme un automate et repartit travailler dans les tréfonds de la pièce.

Gilles et la bande des Vitch échangèrent des regards gênés. Personne n'osait jeter un œil à Lena Katowicz, qui s'était proprement fait moucher.

Vass replia la lettre et la photo. Le courrier de Giono avait perdu une bonne partie de sa magie.

Gilles le lui réclama par gestes, le relut silencieusement. Le Hongrois lui chuchota :

– Vous ne nous avez pas dit ce que vous en pensiez. Vous avez aimé ?

Gilles vérifia que personne ne faisait plus attention à eux.

– Oui, oui. Vous êtes sacrément débrouillards, tous. Bravo.

– Mais... le contenu ? Insista Vass. Que dites-vous de sa réponse ?

– Bah. Je n'y retrouve pas l'auteur du *Refus d'obéissance*, le grand écrivain pacifiste. Tel est le Giono que je préfère.

Vass approuva de mauvaise grâce :

– C'est vrai qu'ici, il ne se mouille pas ; pas de politique...

– Peut-être parce qu'il est revenu de ces âneries ?

Tous fixèrent la jeune Polonaise. Celle-ci, débordant de rancune et de vexation, haussait le ton à nouveau.

– Cette chose sur l'obéissance, ce n'est pas ce qu'il a écrit de mieux, vous ne croyez pas ? Où l'a-t-il mené, son pacifisme ? Où vous a-t-il menés, vous les Français, pendant la dernière guerre ? Où sont passés votre courage, votre esprit frondeur ? C'est le moment d'agir, pas d'écouter les Jean Giono ! Le moment d'agir, tandis que la bête soviétique est ramassée pour bondir ! De dénoncer les répressions dans les pays voisins, les coups de force électoraux... D'appliquer des sanctions ; oui, d'être à la hauteur de votre histoire ! De vos grands hommes ! D'aller au bras de fer, s'il le faut ! Parfois, il faut combattre, et frapper les premiers, et...

– Vraiment ?

Gilles avait répliqué malgré lui. Cette petite peste ne savait donc pas se taire, garder ses opinions stupides pour elle ? De quel droit ouvrait-elle le bec sur... ce sujet-là ? Ce sujet-là *aussi* ?

– Mademoiselle Katowicz, comment peut-on souhaiter autre chose que la paix ? Enfin bon sang, qu'avez-vous dans la tête ? Vous si brillante, si équilibrée, si... Un pays après l'autre, la superpuissance russe étend sa frontière occidentale. Elle se justifie par un discours de prévention : attaquer pour ne pas être attaqué. Ce truc de l'attaque défensive, c'est la plus grande blague de l'histoire de l'humanité, voyons ! Et il faudrait marcher là-dedans, être aussi bêtes qu'eux ?

Ce n'était pas une bonne journée pour la jeune Polonaise. Elle chercha des yeux, dans la salle, un visage ami, un soutien. Elle secoua la tête, comme si personne ne voulait comprendre :

– Ce n'est pas ce que je voulais dire. Bien sûr que tout cela est révoltant. Mais...

– Pas seulement révoltant, jeune fille. Ici, en France, nous nous sentons très démunis. Nous avons tous subi la guerre mondiale, vous comme nous. Mais pour nous, les choses ne s'arrêtent pas. Ce printemps, nous avons perdu Diên Biên Phu, et je vous parie que le marasme de l'Indochine va se reproduire en Algérie.

Gilles reprit à peine son souffle avant de poursuivre :

– Ce printemps toujours, nos amis américains ont effectué leur essai Castle Bravo. Je dirais que voilà une belle réussite dans l'histoire de l'inhumanité. Que font les Russes pendant ce temps ? Ils pratiquent la politique du sourire, signent de petits traités commerciaux, culturels, nous font des gentillesses. Mais ils sont aussi néfastes que les premiers. Ils ne resteront pas éternellement à nous regarder avec un bon sourire. Ils feront la même chose que les USA. Et qui aura l'air bête, alors, avec son petit Castle Bravo ? Un jour, il y aura des bombes des deux côtés, et nous autres au milieu. Impossible d'être partial, ici, dans mon petit pays, mademoiselle ; impossible de « choisir un camp ». Ceux qui choisissent quand même sont des imbéciles. Moi, je n'ai que mon vouloir individuel, ma petite volonté qui ne compte pas, mon impuissance de citoyen. « Il faut combattre, frapper les premiers » ? Comment ne pas se sentir inquiet, à entendre une telle bêtise ? Lorsque nous entendons de pareils propos, comment peut-il rester de la place, en nous, pour autre chose que l'angoisse ?

Lena Katowicz bouillait d'arguments, attendait le moment de récupérer la parole. Gilles continuait, lancé, inspiré, sans plus aucune considération pour la règle de silence :

– Peu importe qui attaque, peu importe qui restera le dernier sur les ruines. Dans tous les cas, nous autres serons perdants, jeune fille ! Dans tous les cas, nous serons l'agressé. Je ne peux pas laisser parler les fauteurs de guerre ; je-ne-peux-pas !

Du fond de la salle, Denise Bellegarde fixait Gilles ; sans expression, telle une statue. En fait, tous les usagers le fixaient. Catastrophe !

Toute son énergie vengeresse l'abandonna. Il s'était montré encore plus bruyant, plus sans-gêne que Katowicz tout à l'heure. Il chercha une excuse, une inspiration autour de lui. Rien. La bande des Vitch restait suspendue à ses lèvres, mais dans le reste de la salle, la réprobation se massait contre lui.

– Je... eh bien... tout cela nous emmène un peu loin, n'est-ce pas ? (Il était revenu, un peu tard, au chuchotement) Vous... révisez un peu vos questions sur le sujet du jour. Je prends une pause puis nous attaquons.

Gilles s'éloigna du groupe d'un pas raide ; il alla se perdre entre les rayonnages obscurs.

Ce qui le dérangeait surtout, c'était l'œil courroucé de Bellegarde. Il avait conclu un marché fragile pour qu'elle lui reprenne les étudiants du Collège de l'Europe Libre. Et s'il venait de tout fiche en l'air, avec sa harangue de pacifiste naïf ? Pire : si la vieille l'envoyait au placard ? Que dirait Joël ? ... Que dirait Jocelyne ?

Même ici, à l'abri des regards, Gilles avait l'impression que tous les usagers lui en voulaient. Il promena ses doigts sur les ouvrages, les vieux volumes de philologie, les dictionnaires. Peu importait le bouquin, le contact des livres l'avait toujours apaisé. Il sortit au hasard un gros dictionnaire du siècle dernier, en allemand.

Une enveloppe vint avec et tomba à ses pieds.

Il la ramassa. Anonyme et scellée. Qu'est-ce que ce truc faisait ici ?

Toujours un peu chamboulé par l'empoignade politique, il la décacheta et sortit à demi son contenu.

Il vit des feuilles, une quinzaine, des pavés de texte bien dactylographiés, incompréhensibles. Du... cyrillique ? Cela n'avait rien à faire dans la section sumérienne.

Gilles, toujours confus, retourna vers le groupe, l'enveloppe en main. Denise Bellegarde, les autres usagers verrouillèrent à nouveau les yeux sur lui.

– Dites, est-ce à l'un d'entre vous ? Je viens de trouver cette enveloppe là-derrière, sur une étagère... Comme c'est écrit en russe...

Gilles leur montra l'objet. Toute la bande le fixa les yeux ronds.

Comme personne ne répondait, il sortit encore une fois les documents, les compulsa pour lui-même. Du texte, oui, et des photos agrafées. Sur l'en-tête de chaque feuille, quelque chose qui ressemblait à une date, avec l'année en cours, 1954.

Soudain, il sursauta. Remit la liasse dans l'enveloppe, affolé. Et sous les yeux à présent interrogateurs de la totalité de la salle, il repartit dans l'anonymat des rayonnages.

Parmi les photos, une en particulier lui avait sauté aux yeux.

La sienne.

9

Après la diatribe de Gilles, la petite troupe n'avait pas fait long feu. Un responsable était venu trouver le professeur et la bande des Vitch et leur avait fait vider les lieux. Et qu'ils n'y reviennent plus de sitôt : la Bibliothèque nationale et universitaire de Strasbourg n'était pas un club de papotage !

À l'extérieur, il faisait complètement nuit, à présent. Deux ou trois étudiants étaient repartis dans leur lointain château, mais la plupart s'étaient attardés dans les rues. Après s'être mutuellement échauffé l'esprit, ils n'avaient pas envie de se quitter, pas tout de suite.

Vass avait sorti de ses poches une flasque d'alcool, de la *pálinka*. Il l'avait fait tourner à la cantonade.

Gilles avait hésité, puis pris une gorgée. Est-ce que c'était interdit par une circulaire, un règlement ? Est-ce qu'en faisant cela, il n'allait pas se dévoyer ? Lui non plus n'avait pas envie de rentrer. Il avait totalement renoncé, ce soir, à l'idée d'enseigner quoi que ce soit à ses élèves. Il reprit plusieurs fois la bouteille.

L'un d'eux trouva un graffiti amusant sur un mur, voulut le montrer aux autres. Gilles, grisé par l'alcool, rit jaune :

PROFESSEUR = VOLEUR

Dans un coin de sa tête, l'idée de sa propre photo sur un document cyrillique tournait en rond, refusait de se taire. Sur place, il avait fait mine de remettre l'enveloppe dans sa cachette, mais il l'avait gardée sur lui, glissée sous sa chemise. Elle lui brûlait la peau comme si elle avait contenu de l'uranium.

Alors, il laissait discuter les Vitch. Il écoutait, il donnait son avis quand il se pensait pertinent. Avec une élocution de plus en plus brouillée, les autres brassaient politique, littérature, alcools nationaux, bizarreries des Français...

Leur vadrouille les avait emmenés rue de la Nuée-Bleue, près du commissariat. Près de ce petit passage entre les numéros 12 et 14. Ce passage où...

Gilles avait pressé le pas, pour évacuer l'angoisse. Les autres, lassés par cette marche forcée, avaient tourné les talons. Ne restaient avec lui que Katowicz et Vass.

La nuit, une dense nuit de décembre, coulait comme une rivière entre les maisons. Le vent soufflait ; cette bourrasque éternelle qui, dit-on, avait été piégée dans la vieille-ville, à l'époque où le Diable avait aidé à bâtir la cathédrale. Et il faut croire que cette nuit-là, le vent avait besoin de se dégourdir les ailes...

Arrivés place de l'Homme-de-Fer, il y eut un flottement. Gilles était presque rentré chez lui.

La future tour Valentin-Sorg se dressait au-dessus d'eux, toute grise à la lumière des becs de gaz. On la devinait plus qu'on la voyait, en négatif sur fond de ciel étoilé. Ses échafaudages jetaient des éclats mats. Une palissade en planches la ceinturait, tel un rempart à son donjon. Ses formes sérieuses, mécaniques, intimidaient les trois promeneurs, malgré eux.

Katowicz, les poings sur les hanches, essayant de garder la station debout, toisa l'édifice :

– Toujours aussi affreuse, toi.

– Comment pouvez-vous affirmer une chose pareille ? fit Gilles, la voix pâteuse. Elle est en chantier ! Elle ne sera pas terminée avant au moins l'année prochaine.

– D'accord, une tour affreuse en construction ; ensuite, ce sera une tour affreuse terminée. Tu n'es pas de mon avis, Vilmos ?

L'étudiant hongrois releva la tête en essayant d'accommoder son regard.

– ... Elle détone dans le paysage, c'est vrai.

– Tu plaisantes ? Elle est affreuse et voilà tout. Parfois, il faudrait juste construire dans la discrétion et l'harmonie. Mais les architectes pensent que tout chantier est l'occasion de montrer leur génie. Et voilà typiquement le genre de nullité dont ils accouchent. Non seulement la tour n'a rien à voir avec le quartier environnant mais, en plus, on ne peut même pas l'éviter du regard. On ne peut que la subir.

Gilles essaya une fois de plus de répondre quelque chose, de donner la réplique à Katowicz. Il se sentait ramolli par la Palinka : et zut, qu'elle raconte ce qu'elle voulait.

Tous les trois s'adossèrent à une façade, de l'autre côté de la place, essayant d'apprivoiser du coin de l'œil la vision de la tour.

– Qu'est-ce que c'était que cette enveloppe, tout à l'heure... ? demanda Vilmos.

Gilles fit la sourde oreille.

– Hein, l'enveloppe ? Tu... vous nous l'avez apportée et puis vous êtes devenu tout blanc, et vous êtes reparti dans les rayonnages. Et depuis ce moment-là, vous avez l'air tout drôle, monsieur Schaeffer ; pas dans votre assiette. Vous l'avez gardée ? Vous ne voulez pas nous la montrer ?

Les deux étudiants guettaient sa réponse, l'œil interrogatif.

– Mon cher petit Vass... est-ce que je vous demande si votre grand-mère fait du vélo ? Non, n'est-ce pas ? (Le jeune professeur essayait de ne pas trop trébucher sur les mots) Si vous voulez une enveloppe mystérieuse, vous n'avez qu'à en trouver une, d'abord ! Chacun la sienne ! Ha !

Gilles ajouta précipitamment :

– Et puis de toute façon, je ne l'ai pas conservée ! Du tout ! Même pas un peu !

Un lourd silence remplaça la discussion, seulement troublé par les sautes de vent au coin des immeubles.

– Vous savez ce qui manque à cette tour pour la rendre acceptable ? avança Katowicz.

– ...

– Des chics types. Tout en haut.

Elle fixa longuement les deux garçons. Ils se regardèrent, pas certains d'avoir compris.

– Tu veux dire... oui, on y montera quand elle sera construite, si tu veux.

– Et pourquoi pas cette nuit, Vilmos ?

Gilles évalua la hauteur, essaya de distinguer les échelles entre les étages métalliques ; le vent devait souffler plus fort que tout, là-haut !

– Vous savez, Katowicz... je crois que c'est interdit. Je veux dire, il y a sûrement un règlement affiché sur la palissade...

– Oui oui, fit la Polonaise sur un petit ton détaché.

Elle ajouta entre ses dents :

– *Maminsynek.*

– Qu'est-ce que cela veut dire, jeune fille ? Vous êtes en France, vous devez parler f...

– Cela veut dire « espèce de fichue poule mouillée », répliqua Vilmos, les yeux plantés dans ceux de Gilles, avec un sourire très déplaisant.

Le jeune professeur se remit sur ses pieds, comme poussé par un ressort.

– Je suppose qu'elle parlait de toi, de vous, alors… Moi, je suis déjà en route. Qui m'aime me suive.

Il fallait le remettre en place, le gamin ! Toujours vexé, Gilles fit le tour de la ceinture de planches. Il en trouva une mal clouée, la souleva et se glissa à l'intérieur, talonné par le Hongrois.

Les garçons repérèrent assez vite le départ des échafaudages, empruntèrent les premières échelles, l'un derrière l'autre. Les barreaux de métal, glacés, mordaient leurs paumes nues.

Ils grimpèrent un étage, deux étages. Combien y en avait-il, déjà ? Quinze, avait lu Gilles quelque part. Dès le troisième, la ferraille se mit à tanguer. L'inconscience due à l'alcool se dissipait à toute vitesse. En bas, la lumière des lampadaires se faisait bien faible ; on voyait à peine où on était et où on allait ; Lena n'était plus visible nulle part. Gilles peinait à grimper, ses jambes se prenaient dans les pans de son pardessus. Vass, avec son rase-pet en loden, était un peu avantagé.

Arrivé à mi-hauteur, Gilles se demanda enfin ce qu'il fabriquait là. Il était sorti en fin d'après-midi pour donner une espèce de cours à une étudiante. Et maintenant, il risquait de finir aplati sur le pavé strasbourgeois ; et tout ça pour quoi ? Pour rien de rien, en réalité !

Et Jocelyne qui l'attendait à la maison, et tous ces gens qui l'avaient vu fondre un fusible dans une salle de lecture de la BNU… Soudain, il ne se reconnaissait plus. Cette rentrée, il pouvait maintenant l'affirmer, était la plus calamiteuse de toute sa vie !

Il regarda en contrebas. L'éclairage public luttait à peine contre l'obscurité. Les rues, en pleine nuit, semblaient toutes proches. On avait l'impression qu'il suffirait d'un tout petit bond pour atterrir quelques instants plus tard, plein d'élégance, genoux fléchis, sur le plancher des vaches.

Ils étaient passés près de *la* rue, tout à l'heure... la rue... Si Gilles avait été un peu moins attentif, rien qu'un petit peu, ils se seraient engagés dedans. Il aurait marché devant l'endroit où... Qui sait comment il aurait réagi ?

Le vent de décembre secouait sauvagement le treillis d'acier. Gilles manqua de lâcher les barreaux. Ce serait plus simple, sans doute. Ouvrir les doigts, et faire ce saut gracieux jusqu'au pavé...

– Et alors, professeur ? On a le vertige ? C'est un peu plus haut qu'une estrade dans une salle de cours, n'est-ce pas ?

Vass, l'agaçant Hongrois, se tenait quelques barreaux au-dessus de lui. Il était redescendu juste pour ça, pour se fiche de lui.

– Vous... Ah, ta gueule, Vilmos !

C'est vrai que cette petite phrase faisait un bien fou ! Après l'avoir prononcée, Gilles redoubla d'énergie. Ce fut son tour de dépasser Vilmos, au moment où celui-ci prenait une pause sur une plateforme. Mais Gilles, lui, ne ressentait pas le besoin d'attendre son rival pour lui faire la nique.

Il pouvait entendre les échelles métalliques, les passerelles grincer au-dessous, au-dessus de lui, parfois tout près, parfois bien plus haut. Le vent ne cessait plus. Gilles ne voyait plus rien, au-delà des quelques barreaux les plus proches.

Soudain, le ciel étoilé reparut. Encore quelques mètres et il serait sur la plate-forme terminale. Il serra les dents, prêt au dernier effort.

On lui tendait la main. Une petite main de femme. Lena.

Elle avait grimpé elle aussi ! Gilles, depuis le début, pensait qu'elle resterait en bas. C'est ce que font les filles quand elles lancent un défi aux garçons, n'est-ce pas ? Mais elle se trouvait là. Elle était même arrivée avant lui ; avant eux autres, les garçons.

Il discernait dans le noir son petit visage impatient, penché sur lui.

– Attrape, Gilles ! Qu'est-ce que tu attends ?

Il saisit la petite main, et Lena le tira vigoureusement vers le haut ; la jeune Polonaise avait des muscles d'acier. Il se rétablit à sa hauteur, chancela un instant, dérouté par le vent qui soufflait là en toute liberté. Elle passa un bras dans le dos de Gilles, attrapa de l'autre main le revers de son pardessus et le maintint fermement debout, tout près d'elle.

Durant l'ascension, les cheveux de la jeune fille s'étaient dénoués. Il respira à plein vent leur parfum noir, il perdit un instant son regard dans leurs vagues lustrées...

– Qu'est-ce que tu f... Allez, Gilles, avance ! Il reste un deuxième empoté à aider !

Lena le laissa aller. Il libéra le haut de l'échelle et progressa d'une dizaine de pas sur la plate-forme.

Il manqua deux-trois fois de s'étaler en trébuchant sur des outils ou des matériaux abandonnés. Il préféra ne pas s'avancer trop loin. Il gagna une rambarde provisoire et s'appuya dessus. Le vent polaire ne lui faisait presque plus rien. Gilles se sentait bien, réchauffé, comme il ne l'avait plus été depuis longtemps.

Les deux autres le rejoignirent à un moment, il ne savait pas quand. Ils s'accoudèrent eux aussi, se serrèrent les uns contre les autres.

Tous contemplaient la ville, en silence ; les points blafards des réverbères. Un fantôme de ville. Il leur faudrait retourner dans sa chair obscure et froide, plus tard ; se remettre en danger. Mais plus tard. Pour l'instant, ce qui comptait est qu'ils étaient montés. Vilmos, Gilles et Lena. Ils y étaient parvenus, tous les trois. À cet instant, les titres, les noms, les paroles ne pesaient plus très lourd.

Partie 2

Tout sur tout le monde

10

Quand il arriva à l'entrée de son immeuble, Gilles essaya en vain de repérer s'il était attendu. Depuis la rue, on discernait mal les fenêtres de l'appartement. Cela avait été un de leurs critères de recherche : Joce avait été très contente, non seulement de trouver un logement confortable, mais en plus loin de tout regard, pour abriter leur couple naissant.

Cela ne faisait pas si longtemps que Gilles était marié, deux ans et demi, mais il n'avait jamais découché. Il n'était jamais sorti sans prévenir. Il avait même rarement des contretemps le soir, des réunions tardives. Il souffla dans sa paume : en plus de ça, il puait l'alcool ! Comment allait-il expliquer sa soirée à Jocelyne ? Il se sentait coincé dans un très mauvais vaudeville.

Gilles fit un effort pour rentrer sa clé du premier coup dans la serrure, ouvrit, pénétra dans son vestibule et s'appuya à la porte un instant. Odeur de cire, échos d'horloge, grincements de parquet, le vieil appartement l'enveloppa de toute son hospitalité.

Philomène était rentrée chez elle depuis longtemps. Joce, pourtant, ne dormait pas. Elle traînait à la cuisine devant les restes du repas. Joël était avec elle. Au moment où Gilles entra, son massif beau-frère, appuyé sur le Frigidaire, lui faisait mollement la conversation.

C'est lui qui accueillit l'arrivant :

– Ah ben quand même ! On t'attendait plus ! Ça va, vieille branche ?

Gilles alla embrasser sa femme. Elle lui fit une moue blasée.

Malgré la fatigue, l'inquiétude, Joce restait séduisante. Lors de cette excursion où il l'avait rencontrée, Gilles s'était tout de suite senti magnétisé. Il lui avait trouvé une ressemblance avec Ava Gardner ; même si elle avait joué les innocentes, il avait constaté, à la longue, que Joce entretenait subtilement cette ressemblance. Éminemment féminine, élégante, partout où elle se montrait, elle nageait dans une rivière de regards masculins. Même en cet instant, avec ses yeux battus, sa tête lourde, elle paraissait prête à forcer son sourire, à retourner devant des caméras et à tourner pour une superproduction hollywoodienne.

– Bonsoir chérie, bonsoir Joël. Je suis impardonnable. Et j'avais oublié que tu devais passer.

– Ta femme m'a appelé en voyant que tu ne rentrais pas. Je suis surtout venu tortorer la blanquette. Tu sais bien que c'est meilleur à la première cuisson.

En effet, il ne restait qu'un plat bien nettoyé et deux assiettes vides. Le jeune assistant se rendit compte, en même temps, qu'il avait une faim atroce, et qu'il ne mangerait rien cette nuit...

– Tu étais retenu en ville, je suppose ? Tu aurais pu me prévenir.

Joce parlait calmement, sur un ton de reproche léger.

– J'ai eu une réunion avec madame Bellegarde, tu sais ? À propos de la bande des Vitch... Je veux dire des élèves du Pourtalès.

– Ça se passe toujours aussi mal ? fit Joël. Il faut me le dire aussi, tu sais. Je peux arranger pas mal de choses.

Gilles rassembla ses esprits, se servit un grand verre d'eau. Joce n'avait pas pu ne pas sentir son haleine alcoolisée quand il l'avait embrassée. Elle n'avait pas eu le moindre geste de recul.

–Non, tout va bien. Tout va mieux.

Il frissonna : si on apprenait ce qu'il trafiquait avec ses étudiants... Grimper en petit comité, en pleine nuit, sur les chantiers de construction, cela restait tout de même assez loin des principes généraux de la pédagogie... Oui, si quelqu'un les avait vus, à la montée ou à la redescente, c'était bien simple : il était professionnellement mort.

–... Parce que si tu veux que j'intervienne, je peux le faire. Il me semblait que des étudiants perturbaient tes cours et t'empêchaient même de parler. Tu sais que je t'ai toujours épaulé, poursuivait Joël. Un des directeurs du Collège va venir à Strasbourg dans quelque temps, tu veux que je le coince entre quatre-z-yeux ?

Gilles essaya de répondre à Joël avec toute la sincérité du monde. Apaiser l'ours, calmer la bête à tout prix...

–Vraiment, je te remercie, mais je m'en sors.

Joce intervint à son tour. Elle n'avait pas suivi les échanges, obsédée par une autre question :

–J'insiste, mon chéri : tu aurais dû prévenir. Tu aurais dû... En fait, tu n'aurais pas dû rester dehors. Depuis ce... cette... cette affaire en septembre, ton malheureux collègue qui a été...

Gilles se précipita vers Joce, l'entoura de ses bras :

–Allons, sois raisonnable. Cela n'a rien à voir.

–Oui, et puis la police a tranché, renchérit Joël : il s'agissait d'un règlement de comptes entre espions. Patrick Célice, la victime, jouait les petites mains pour les Rouges. Tu n'as pas lu les journaux, Jocelyne ?

La jeune femme approuva lentement de la tête :

–Oui, évidemment. Mais enfin...

Joël prit l'assistant par les épaules, le serra contre lui et, face à sa sœur, ajouta :

—Des espions, Jocelyne. Pas de risque que Gilles trempe là-dedans, si ? Ça serait un peu gros, *niet, tovaritch* Schaeffer ?

Il lui donna une bourrade qui faillit lui exploser le foie. Tandis que Gilles grimaçait un sourire, Jocelyne répliqua pensivement :

—Peut-être que Patrick était innocent ? Nous l'avons tous croisé. Il ressemblait à un espion, selon vous ? Peut-être qu'il a vu, entendu quelque chose, que c'était son seul crime…

Les mots de la jeune femme s'attardèrent dans la cuisine. Gilles ne savait pas quoi répondre, parce qu'il portait contre lui une enveloppe qu'il regrettait de plus en plus d'avoir trouvée.

Et Joël, pour une fois, se rendit compte qu'il avait trop parlé. Il se racla la gorge :

—Bon, ben si personne n'a plus besoin de moi…

Il n'avait eu que le temps de glisser l'enveloppe sous le lit avant que Joce le rejoigne. Malgré l'heure tardive, elle avait pris le temps de se préparer comme chaque soir. Elle sentait bon, et sa peau frémissait sous la chemise de nuit en satin. Il la prit contre elle et sentit aussitôt son propre désir monter. Jocelyne reprit son air moqueur et, sans l'empêcher de la caresser, elle glissa :

—C'est avec la mère Bellegarde que tu as fait une beuverie ?

—J'ai traîné avec des étudiants. Les Vitch. Ils m'ont fait boire.

Gilles n'était pas fier, mais à elle, il ne voulait pas mentir. Joce échappa à ses caresses et le regarda par en dessous, encore plus ironique :

—Ils « t'ont fait boire » ? Pauvre chou…

Il promena malgré lui ses mains sur les fesses de Jocelyne, retroussa à moitié le tissu de satin. Elle s'agita juste assez pour l'agacer et lui échapper.

– Avec ce qu'ils ont vécu, leur culture… Ces jeunes doivent être passionnants.

– Bah, tu sais, ils sont comme tous les étudiants du monde… Ils ne veulent pas trop travailler, se laissent guider par leurs hormones…

– Tu sais quoi ? Ramène-les à la maison, un de ces jours. Ce serait bath, non ? Moi, j'aimerais les connaître. Et je trouve cela plus intelligent que de traîner en ville toute la nuit, tu ne crois pas ?

Gilles n'était pas si sûr que ce soit une bonne idée. Il voulut l'exposer à sa compagne, mais celle-ci s'était allongée sur lui et il eut momentanément besoin de sa bouche pour autre chose.

Elle se laissa embrasser et mordiller puis se força à calmer le jeu. Elle adressa à Gilles un regard plus sérieux.

– Gilles, ces gens-là auront peut-être des places importantes, un jour. Tes étudiants français aussi, d'ailleurs.

Elle empoigna sa tête, l'éloigna de son ventre en souriant malgré elle.

– Pour le moment, toi et moi, on est un gentil petit couple. Dans ma famille, la guerre nous a tout pris ; et chez toi aussi, non ? Il n'y a pas de raison ! Il n'y a pas de raison que seuls les autres en profitent ! Tu vas finir cette thèse, tu vas progresser. On quittera Strasbourg. Un jour, cette Bellegarde ne sera plus qu'un mauvais souvenir pour toi, une rien-du-tout.

Gilles n'écoutait qu'à moitié. Il enchaînait les mordillements, les caresses sous la chemise de Jocelyne. Mais elle ne voulait pas lâcher son idée et, le souffle court, faisait des efforts pour formuler des phrases claires.

– Tu pourras choisir les gens que tu fréquentes, ceux avec qui tu veux passer du temps. Je t'aiderai. Je suis douée pour ça, chéri. Je sais organiser des moments que personne n'oublie. Et mon gros balourd de frère pourra parler pour toi, quand il le faudra. Avec ton talent, tu peux avoir ce que tu veux.

Il parvint enfin à lui retirer son vêtement et il put l'admirer, telle Ava dans ce film où elle jouait une déesse. Décidément, l'alcool hongrois l'inspirait. Il voulut passer à des choses plus sérieuses. Jocelyne résista tendrement :

– Attends, avant que j'oublie… Nous avons ce camp dans les Vosges l'année prochaine, tu te rappelles ? En mars ?

– Oui, oui, ce camp dans les Vosges…

– Tu es allé au local récemment ? Il faudrait vérifier l'état du matériel, compter les tentes…

– C'est toi qui me tentes…

Elle donna une tape sur sa main aventureuse :

– Je suis sérieuse, Gilles. Tu ne crois pas que cette nuit, tu devrais faire profil bas ?

– Pfff… oui, j'irai vérifier tout ça au local. Promis.

Il se redressa et l'enlaça, couvrant son cou et son buste de baisers. Elle se laissa faire, pensive. Le repoussa encore une fois, avec un effort surhumain :

– Gilles, tu es bien sûr que c'est ce que tu veux ? Je veux dire, les camps, les activités, les invitations, tout ce que Joël fait pour toi… parfois, je… mais écoute-moi ! Parfois, j'ai l'impression que tu n'y crois pas tant que ça.

Il ne répondait pas, ou répondait sur une autre discussion. Il se sentait très inspiré, ce soir, et elle ne savait plus comment garder contenance.

– Gilles, tu me le dirais, si ça t'embêtait, tout ça ? Si tu voulais… autre chose… on en parlerait, hein ? Dis… ?

Il marmonna dans sa nuque et elle renonça à tirer de lui quelque chose de raisonnable. Il fallait bien l'admettre, cette nuit, son partenaire était guidé par les dieux.

11

Gilles se réveilla en sursaut à quelques heures du lever. À ses côtés, Joce dormait profondément.

Avec les mêmes précautions qu'autrefois, quand il dégainait un roman les soirs d'été alors qu'il était censé dormir, il envoya sa main à l'aveuglette sous le lit, rencontra l'enveloppe. Il la ramena sans un bruit, l'éleva dans le rayon de lumière qui venait du réverbère de la rue.

Les feuilles étaient toutes là, comme il les avait rangées dans l'affolement à la bibliothèque, toujours chargées de leur sens incompréhensible.

Il se redressa, s'adossa aux oreillers. Feuilleta plus calmement les documents. Tout était écrit en cyrillique. Du russe, pour autant qu'il pouvait en juger, lui qui ne savait même pas prononcer ce curieux R à l'envers...

Malgré cela, il pouvait distinguer une logique dans leur présentation. Il s'agissait, en fait, d'une liasse de documents distincts. Chacun faisait une à trois pages, parfois quatre ou cinq. La première page commençait par un cartouche, avec une photo agrafée. Des rubriques ; certaines avec des chiffres : des dates, des mots courts. Bref, des fiches signalétiques.

En parcourant les en-têtes, Gilles retrouva sa propre fiche ; des gens qu'il connaissait avaient eux aussi l'honneur d'être fichés : des collègues de la faculté, des étudiants, français ou de la bande des Vitch. Certains visages, il lui semblait les avoir déjà croisés dans un couloir. Les fiches ne semblaient pas se suivre dans un ordre alphabétique ; en cyrillique peut-être, mais pas en français, d'après les noms de famille.

Gilles se leva aussi silencieusement que possible. Il y avait un dictionnaire de russe quelque part dans la maison. Il allait en baver, mais il fallait qu'il comprenne, qu'il sache dans quoi il était tombé !

Il jeta un œil vers l'autre côté du lit. Jocelyne dormait repliée sur elle-même, jalousement concentrée sur son sommeil.

En essayant de ne pas faire craquer le parquet, il se glissa jusqu'au salon, retourna nerveusement les alignements de belles reliures. La collection de livres de Joce, ces livres qu'on ne lisait pas, qu'on ne sortait jamais... Où était ce foutu dictionnaire ?

Il le trouva enfin, l'ouvrit sur la table basse, à côté des fiches ; chercha à reconnaître des mots. « Professeur », « étudiant », c'était facile. « Date de naissance ». « Action recommandée »... « sonder »... « recruter »...

Tout cela, c'était le vocabulaire de l'espionnage. Il se frotta les yeux, se donna un coup sur le front pour se remettre les idées en place : il délirait ou quoi ? Des fiches d'espionnage, ici, dans son salon ? Mais pour qui il se prenait ?

Et pourtant, ces papiers se trouvaient bel et bien là, sous son regard. À côté du dictionnaire de russe de Jocelyne, quand elle était gamine...

Et si c'était une blague ? De la bonne vieille farce d'étudiants ? Mais il fallait se rappeler comment il avait trouvé cette enveloppe. Quelles étaient les chances pour qu'il aille se balader dans le rayon de philologie, après les discussions sauvages avec ses élèves ? Pour qu'il prenne ce gros volume en main... il avait même déjà oublié son titre ? Pour qu'une enveloppe tombe à ses pieds ? Et pour que cette enveloppe, justement, contienne une fiche sur lui et sa photo ?

Mais si c'était de l'espionnage, si ces documents contenaient vraiment des informations sur son petit univers, sur les gens qui le composaient... d'où elles venaient, bon sang, ces informations !? Qui savait toutes ces choses sur tout le monde, et était assez veule pour les mettre par écrit ? En contemplant sa fiche et sa photo, Gilles se sentait volé, comme fondamentalement nié, comme si son âme avait été cambriolée...

On parlait beaucoup d'espionnage à l'université depuis ce début d'année. Gilles était presque parvenu à se tenir loin du sujet, et voilà qu'il lui sautait au nez avec la violence d'une bombe !

Un air de plus en plus glacé lui coulait sur le dos : et si Jocelyne avait raison ? Si c'est précisément ce qui était arrivé à Célice ? Si son collègue était tombé un jour, quelque part à la fac, sur un semblable paquet ? Il fallait que Gilles s'en débarrasse.

Il frissonna, crut entendre sa femme qui remuait. Il referma l'enveloppe précipitamment, la fourra dans sa sacoche de cours, rangea le dictionnaire où il pensait l'avoir trouvé.

Gilles avait froid. Redoutablement froid. Dans cet appartement pourtant baigné dans la chaleur du chauffage central, il avait froid ; comme s'il neigeait tout autour de lui, comme si d'innombrables flocons de papier l'ensevelissaient. Des milliers, des millions de petits flocons de trahison.

12

Gilles piétinait dans le couloir qui résonnait comme une cathédrale. Il n'avait pas eu de chance : cela faisait dix minutes qu'il attendait son tour devant le bureau 106, et Yvette semblait avoir bien du mal à traiter le cas présent. Une étudiante arrivée après lui patientait elle aussi.

Qu'est-ce qui lui avait pris de passer là avant son cours ? Tout ça pour une paperasse guère urgente. Est-ce qu'il devait demeurer ici ou repartir, et perdre son tour ? Il ne tenait pas en place. Il avait mal dormi. Une fois de plus. Il avait cogité toute la nuit sur ses fiches. Et le matin, il était le même que la veille : indécis, inquiet, et par-dessus le marché, abattu de fatigue.

La haute porte était restée entrebâillée et Gilles pouvait entendre l'essentiel de la conversation ; parfois même, apercevoir l'usager et l'occupante du bureau. Yvette, jupe plissée et gilet bleu marine, secouait sa petite tête rusée avec un air de triomphe :

– Nous vous avons écrit, pourtant, monsieur. Les P&T n'existent pas, chez vous ?

– Il y a eu une erreur sur l'adresse... La poste a laissé la lettre en souffrance...

Le grand escogriffe noir faisait des gestes désespérés devant la secrétaire à son bureau.

– Mais me voilà ici, maintenant. J'ai fait le reste, toutes les démarches d'inscription depuis le Tanganyika. Je pensais que tout était bon. Nous pouvons terminer le dossier en direct, non ?

– Ah, moi je ne peux pas prendre cette responsabilité. On vous a écrit chez vous il y a trois semaines pour vous demander les informations. Maintenant, on ne connaît pas les équivalences et on ne peut rien faire. Voilà. Je suis désolée mais je suis désolée.

– Les équivalences ? C'est simple : regardez, ici, cela veut dire « première année », et là...

– Et qui me dit que vous n'essayez pas de nous tromper ? Il me faudrait quelqu'un d'extérieur pour me traduire ces titres, heu, tanganyikais. Regardez les étudiants slaves : on en a hérité toute une horde à la rentrée ; je ne m'en sortais pas ! Mais ils se sont trouvé quelqu'un pour m'aider, et voilà le travail !

– Mais il s'agit de langue anglaise, tout simplement ! Bon, je vais prendre quelques jours ici pour chercher un traducteur...

La secrétaire soupira :

– Ah oui mais non. J'oubliais que vous êtes hors délai, mon cher monsieur.

– Que puis-je faire, alors ?

La voix de l'étudiant trahissait un désespoir sincère, entier.

– Désolée, je ne vois pas de solution. Vous... n'avez plus qu'à rentrer chez vous. Voilà. Je suis désolée mais je suis désolée.

Yvette ajouta, pour bien appuyer l'idée, avec un demi-sourire :

– Réessayez l'année prochaine ?

Le jeune Africain quitta le bureau d'un pas lourd, ignorant Gilles et le reste du monde.

Celui-ci s'apprêtait à prendre la suite lorsqu'on interpella depuis le couloir :

– Ah, Schaeffer. Vous voilà.

Denise Bellegarde sortait de son bureau tout proche et avançait vers lui de sa démarche saccadée de robot. Il était trop tard pour l'ignorer. L'assistant vit l'étudiante s'engouffrer à sa place dans l'antre de la secrétaire.

– Madame le professeur. Voulez-vous prendre un café ?

– Pas le temps, pas le temps. Expliquez-moi, plutôt. Qu'est-ce que vous fabriquiez à la BNU ? Cette réunion de papotage avec les étudiants. On ne voyait qu'eux, on n'entendait qu'eux.

–Nous étions là-bas pour parler recherche documentaire. Ils voulaient que je les forme un peu, et je me suis dit…

–Et ils ne peuvent pas faire comme tout le monde et se débrouiller par eux-mêmes ? Il faudrait des cours pour utiliser une bibliothèque, maintenant ? Et après ce sera quoi, des leçons de tenue de stylo ? Vous n'avez pas mieux à faire de votre temps, Schaeffer ?

–Si, bien sûr, madame. Mais certains de ces élèves sont des personnes vaillantes et méritent… ils n'ont peut-être besoin que d'apprendre un peu nos modes de fonctionnement pour devenir de grands intellectuels.

–Et vous croyez à ce mythe, mon vieux ?

Bellegarde eut un rire amer.

–Les étudiants sont des ingrats : d'abord, on les materne ; après, ils deviennent vos concurrents !

Elle fixa Gilles avec une mine ambiguë, et laissa planer le silence. Après tout, c'est exactement ce qu'elle aurait pu lui reprocher à lui aussi…

–Je ne vous comprends plus, Gilles. Vous m'avez fait tout un cinéma pour que je vous débarrasse de ces étudiants. Et maintenant vous traînez avec eux en dehors des heures obligatoires ? Vous pensez que c'est le mieux à faire pour votre carrière ? Est-ce que vous savez reconnaître vos amis, Schaeffer ? Les personnes qui vous veulent *vraiment* du bien ? Votre beau-frère, Joël, il a de belles intentions pour vous. Et moi aussi. On dirait que… que vous ne voulez pas trop vous engager à mes côtés.

La veille femme lui attrapa l'avant-bras et le serra très fort :

–… Vous n'allez pas me lâcher pour la conférence, quand même ?

–Bien sûr que non, madame le professeur. Vous pouvez compter sur moi. Je sais très bien séparer des choses importantes et les autres... Je serai là, et notre accord tient toujours. Je suis prêt à travailler très dur pour cet événement, et même à préparer des choses en anticipation. N'hésitez pas à me demander de...

Elle répondit par un grognement et un regard en dessous :

– Mouais. Contentez-vous d'être là, Schaeffer. Ce sera déjà très bien.

Bellegarde tourna les talons et repartit dans les couloirs. Alors qu'elle s'éloignait, elle lâcha :

– Et puis améliorez votre organisation personnelle. À chaque fois que je vous croise, vous ne fichez rien. Ce n'est pas ainsi que vous écrirez votre thèse.

Gilles renonça à répondre et reporta son attention vers la porte du secrétariat. La file d'attente avait gonflé : à présent, ils étaient cinq à patienter devant lui.

13

Toute la journée, Gilles avait été sur des charbons ardents. Il avait attendu son cours de l'après-midi avec impatience. Mais beaucoup de membres de la bande des Vitch ne s'étaient pas montrés. Katowicz et Vilmos Vass faisaient partie des absents. Ils étaient peut-être restés au château pour décuver leur gueule de bois ?

Et alors, est-ce que c'étaient des manières ? Est-ce que lui manquait ses cours ? Gilles avait été massacrant. Il s'était payé cet abruti de Schott pour une broutille, il avait à moitié fait pleurer la petite Munier. Il ne tenait plus en place entre quatre murs. Il avait besoin de sortir, de respirer l'air du dehors.

Dès qu'il eut libéré ses étudiants, il sauta dans son auto et fit le chemin jusqu'au Pourtalès. Il fallait qu'il parle à Lena, que quelqu'un lui traduise ces textes. Il fallait qu'il lui parle, bon sang, et elle avait intérêt à se montrer coopérative !

Gilles ne connaissait pas bien le château. Il avait dû participer à l'une ou l'autre réception là-bas, dans toute sa vie. Ces fois-là, il n'y avait pas prêté attention. À présent, tandis que sa voiture approchait au pas, les pneus crissant sur le gravier, il ouvrait grand les yeux pour comprendre la topographie des lieux. À la lueur des phares, le château déployait sa belle façade XVIIIe ; il goûta l'effet de contraste entre les pierres d'encadrement, les chaînages en grès rose, et le crépi immaculé. L'édifice un peu massif, son corps principal bien campé entre ses deux ailes, avec une extension sur la droite et encore une tourelle au second plan, semblait l'attendre...

Il s'arrêta à la hauteur d'un groupe de jeunes gens, baissa sa vitre :

– Pardon, le foyer étudiant, s'il vous plaît ?

Les autres se consultèrent dans un sabir inconnu, firent quelques gestes et désignèrent plusieurs directions à Gilles.

– Par là, par là.

On lui montra alternativement le château et un ensemble de préfabriqués en bois. Il finit par comprendre que les demoiselles logeaient dans le bâtiment historique, tandis que les garçons devaient se cantonner aux préfabriqués.

Gilles roula jusque jusqu'au perron du château et abandonna sa voiture. Aussitôt sorti, une femme entre deux âges, encore plus haute que lui, ascétique, se précipita :

– On ne va pas plus loin ! Ici, ce sont les quartiers des étudiantes.

– Ah, euh, bien. Alors, pouvez-vous faire appeler Lena Katowicz ? Je suis son professeur à la faculté de lettres. J'ai besoin de lui parler.

La maîtresse d'internat l'installa dans un salon d'études et partit chercher l'intéressée.

C'était une petite pièce à deux fenêtres, haute de plafond, avec un mobilier dans le goût du château. Jeu d'échecs, meuble-bibliothèque, instruments de musique soigneusement disposés sur leur support... : on trouvait ici tout ce qui était nécessaire à un étudiant pour se délasser l'esprit.

Gilles accrocha son *trench-coat* à un portemanteau futuriste, une espèce de tringle en inox fixée sur un socle en bois. Puis il s'installa devant une table basse et posa la maudite enveloppe devant lui.

Ce ne fut pas Lena qui entra mais Vilmos Vass. Quand Gilles l'aperçut, il eut un mouvement de recul :

– Vilmos, je veux dire, Vass que faites-vous ici ?

– Eh bien, j'habite là. Je voulais... lire un peu Aragon.

– Ah oui ? Et vous n'êtes pas venu en cours ? Katowicz non plus ; ni la plupart d'entre vous.

Vilmos fuit le regard de son professeur.

– Eux aussi ? Je ne savais pas. Je suis resté dans ma chambre pour travailler.

– Bien entendu.

Gilles soupira. En se rendant ici, il n'escomptait qu'une seule personne capable de traduction. Tant pis, que Vilmos Vass reste avec.

Lena fit son entrée à ce moment-là. En découvrant la scène, elle ne pût s'empêcher d'éclater de rire.

– Qu'y a-t-il de si drôle, Katowicz ? Vous trouvez normal que...

– Votre paletot, monsieur Schaeffer. Regardez où vous l'avez accroché !

Elle le voussoyait et lui donnait du monsieur. Malgré la nuit dernière sur le chantier de la tour, les habitudes avaient la vie dure.

Gilles détailla son vêtement suspendu au portemanteau :

– Eh bien ? Je n'ai pas trouvé de patère. Je l'ai mis sur cette espèce d'antenne de vieille radio. Si nous reparlions...

Toujours amusée, Lena alla dépendre le *trench* de Gilles. Elle le plia calmement et le déposa sur un dossier de chaise.

– Cette « vieille radio » est un thérémine.

– Pardon ?

– Un thérémine, un instrument de musique. Un peu comme vos ondes Martenot, vous ne connaissez pas non plus ?

Devant la mine ahurie de Gilles, elle rit encore :

– Je vous montrerai. Vous verrez, c'est très particulier.

– Vous jouez de ce... cet appareil ?

– Je suis ondiste, oui. C'est pour parler musique que vous êtes venu jusqu'ici ?

Gilles se secoua, se rappela subitement le poids qui était le sien depuis la veille.

– Non, bien sûr. Je... l'enveloppe que j'ai trouvée à la BNU hier... nous en parlions dans la soirée, vous vous rappelez ? Je ne l'ai pas remise en place. Elle est ici.

Il sortit les documents, les étala sur la table. Les deux étudiants se penchèrent dessus.

– Je n'y connais rien. Je ne sais pas de quoi il s'agit mais je crois que c'est inquiétant. J'ai l'impression qu'il s'agit de fiches biographiques. Je sais qu'elles sont écrites en russe et que le russe n'est plus trop votre tasse de thé mais...

Les deux jeunes gens avaient ramassé des feuilles et les parcouraient. Les deux paraissaient aussi catastrophés en découvrant leur contenu. Vilmos, le premier, reposa les feuilles sur la table, le visage blanc de craie. Il confirma d'une voix rauque :

– Ce sont... ce sont bien des fiches biographiques. Destinées aux Renseignements soviétiques.

Lena, absorbée par sa lecture, ramena ses cheveux dans sa nuque. Ils retombèrent peu à peu devant ses yeux.

Elle abandonna elle aussi les documents avec une grimace outrée.

– Comment savez-vous qu'elles sont destinées aux Renseignements ?

Lena vint à côté de lui et lui montra quelques mots sur une des feuilles :

– Vous voyez, là ? Ceci est le nom du « producteur » de l'information, un certain Vestnik. Et là, c'est le destinataire : Yegoza.

– Des surnoms ?

– Des noms de code. Vestnik, c'était l'homme qui annonce le nom des chevaliers.

– Le héraut ?

– Peut-être, je ne sais pas.

– Et Yegoza ?

– Ça, on le dit d'une petite fille qui fait des farces.

Gilles aurait aimé goûter le ridicule de tout cela, mais il en était bien loin. Il scruta tour à tour Vilmos et la jeune Polonaise. Eux aussi tiraient des têtes d'enterrement.

– Yegoza serait un officier du KGB ?

Vilmos approuva à contrecœur :

– Très certainement. Ce qu'on appelle un officier traitant, un supérieur, responsable de plusieurs agents, et qui fait le lien entre le terrain et Moscou. Vestnik, c'est l'homme de terrain. Celui qui collecte des informations près des sources. Ce que vous avez trouvé l'autre jour la BNU, monsieur Schaeffer, c'est une « boîte aux lettres ». Un lieu discret où l'agent de terrain dépose ses informations pour qu'elles soient récupérées par le traitant.

Gilles marmonna :

–Il faut croire que le lieu n'était pas si discret, puisqu'un novice comme moi est tombé dessus sans le vouloir.

–C'est toute la difficulté de l'espionnage, fit le Hongrois, fataliste. Les procédures sont toujours faites pour dérouter les professionnels adverses. Mais les personnes lambda ont le don de chambouler toutes les probabilités.

Lena écoutait tout ceci avec un air un peu perdu. Elle secoua la tête :

–Tu es sûr de tout ce que tu racontes, Vilmos ? Où as-tu appris tout ça ?

–Bah, je lisais plein de littérature d'espionnage quand j'étais enfant. Il faut croire que j'en ai gardé quelque chose.

Gilles se leva et fit les cent pas dans la pièce. Il ouvrit la porte du couloir, s'assura, un peu tard, qu'on ne les écoutait pas.

–D'accord, admettons. Un agent et un officier traitant. Mais quel est l'intérêt de collecter des fiches biographiques ? Pour moi, un espion, cela vole les plans d'une arme secrète, sabote un laboratoire, ce genre de choses.

Lena prit une feuille et lui montra une rubrique du doigt :

–Vous voyez cela ? Il est écrit « catégorie ». En face, on trouve parfois « cible » comme ici, parfois « environnement ». Les « cibles » correspondent à nous autres, les étudiants du Collège de l'Europe Libre. Voyez, ici il y a Norkaitis, ici Zemanova. Bref, des gens à recruter. Et les catégories « environnement », ce sont les relais intéressants, influençables. Les profs, la hiérarchie du collège, les serveurs des endroits où nous avons nos habitudes... toutes les personnes qui peuvent servir de levier pour recruter des agents. Regardez ici, dans la rubrique « moyens d'action », on a par exemple « joueur occasionnel ». Sans doute que cette personne a un point faible du côté des cercles de jeux. Il y a peut-être moyen de s'en servir pour la convaincre d'agir pour l'intérêt de l'Union.

Le regard de Gilles allait de l'un à l'autre. Le Hongrois et la Polonaise semblaient en accord. S'ils lui faisaient une blague, ils étaient tous les deux des pince-sans-rire de compétition.

Il farfouilla dans la liasse et en tira trois feuilles.

C'était une autre des raisons pour laquelle il n'avait pas dormi du restant de la nuit. La raison pour laquelle il n'avait pas filé à la police dès l'ouverture des bureaux pour déposer les fiches : il voulait savoir ce qui figurait sur la sienne ; savoir ce qu'on disait de lui.

Il brandit le document vers Vilmos :

– Alors allez-y, Vass, ou bien vous, Lena. Lisez ce qui est écrit sur moi.

Vass prit les feuilles et les parcourut rapidement.

– Eh bien, on dit que vous êtes responsable de tous les réfugiés étudiants en littérature. Que vous... hum, c'est intéressant ; que vous aimez les chansons d'Annie Cordy, que vous n'avez jamais obtenu votre permis même si vous conduisez déjà une voiture... Que vous gardez vos cravates toutes prêtes avec le nœud dans l'armoire pour éviter d'avoir à le faire... que... Aïe !

Vilmos dut s'arrêter, plié en deux par une bourrade de Lena.

– Franchement, Vilmos, tu trouves ça drôle ? Tu ne peux pas être sérieux deux minutes ? Regarde monsieur Schaeffer !

– Mais je suis sérieux ! Attends, Lena, on va trouver ta fiche et on va voir ce qu'on dit de toi. Je suis sûr que tu portes des culottes en coton et...

Gilles se leva et les toisa, poings sur les hanches :

– Vous croyez que nous avons le temps pour ces sottises ? Vous avez quel âge ? Lena, lisez-moi ma fiche, vous ! Et un peu de sérieux, s'il vous plaît !

La Polonaise prit connaissance des feuillets et en donna une traduction. Tout y était, et avec une précision incompréhensible : son enfance dans la librairie, ses projets, sa constellation amicale, professionnelle, Joël, la troupe scoute...

Le pire était pour la fin, et Gilles dut insister pour que Lena traduise cela aussi.

– Bah, c'est assez confus. D'après Vestnik – mais c'est dit avec beaucoup de précautions – vous êtes en quelque sorte, monsieur Schaeffer, le jouet, non, la chose de votre femme. Soi-disant qu'elle aurait un grand ascendant sur vous. Elle est citée en priorité dans les leviers d'action... à utiliser sur vous.

La voix de Lena s'était éteinte d'elle-même. Gilles, abattu, se rassit dans son fauteuil. Les yeux tournés au sol. Les deux autres échangèrent un regard. C'était quand même bien vache à encaisser.

– Monsieur Schaeffer ? Gilles... ? Ça va aller ? Vous savez, il s'agit de délires d'espion, il ne faut pas trop...

– Je ne comprends tout de même pas pourquoi moi... répondit Gilles, comme s'il avait suivi ses propres échanges intérieurs. Pourquoi me faire l'honneur d'une fiche ? Je ne passerai jamais à l'Est. Je suis un petit professeur d'université même pas titulaire. En quoi je peux intéresser le KGB, même en tant qu'« environnement » ?

Vilmos fit un geste résigné :

– À ce stade d'une l'opération, un bureau d'espionnage ne raisonne pas comme cela : il sème des graines. Il récolte de l'information primaire. Vous, monsieur Schaeffer, comme tous les autres assistants de l'université, connaissez bien la vie du personnel, des étudiants. Vous n'éveillez pas la méfiance. Vous détenez beaucoup d'informations, même si pour vous ce n'en sont pas. Et puis si vous êtes bien manœuvré, vous pourriez devenir une bonne « caisse de résonance » dans vos cours ; distiller, même sans vous en rendre compte, des idéologies « amies ». Et peut-être même un qu'un jour vous deviendrez directeur de faculté ou même doyen ! Vous ne voyez toujours pas comment vous pourriez être utile... ?

– C'est du délire, Vass. Je ne sais même pas si j'arriverai à finir ma thèse !

– Laissez-moi vous poser quelques questions, monsieur le professeur. Ne me répondez pas. Ce... responsable des effectifs, que vous connaissez, est-ce qu'il est possible de faire pression sur lui ? Vous êtes son beau-frère. Vous savez sûrement quelque chose.

Gilles secoua la négativement la tête. Bien sûr qu'il savait : Joël n'avait pas sa place à l'université. Il avait bricolé ses tests de recrutement. Il suffisait d'un mot bien placé pour le faire sauter.

– Je ne sais pas... Je ne pense pas...

– Madame Bellegarde, alors ?

Gilles secoua la tête une fois de plus. Là, il ne savait vraiment pas. Et il aurait aimé savoir. S'il avait pu faire chanter sa directrice, histoire de souffler un peu...

– Une dernière, fit Vilmos en précipitant son débit, voyant que Lena devenait nerveuse. Imaginons... imaginons que la Pologne rejoigne pour de bon, dans les années qui viennent, le bloc occidental. Imaginons que Lena devienne, disons, ministre. Et que nos ex-amis de l'Est essayent de la recruter. Comment franchir les barrières naturelles qui entourent une ministre ? Pourquoi ne pas se faire aider par un de ses anciens professeurs, de l'époque où elle était une jeune et insignifiante Strasbourgeoise... ? Et vous, monsieur Schaeffer, si on vous suggérait de reprendre contact avec votre ancienne étudiante, vous diriez non ? ... Vous voyez ?

–Mais qui ? Qui déniche toutes ces informations, par quels moyens ? Certaines sont de notoriété publique, mais d'autres… Qui est Vestnik, bon sang ?

Vilmos fit un geste d'ignorance :

–Cela nous arrangerait bien de le savoir, n'est-ce pas ? Il n'est pas certain que Vestnik soit tout seul, vous savez. Peut-être qu'ils sont plusieurs, peut-être qu'il y a tout un réseau ; peut-être un pour chaque fiche ?

Comme Gilles restait muet, Vilmos poursuivit :

–C'est la guerre, monsieur Schaeffer. C'est encore la guerre. Celle-là n'a jamais cessé. La guerre de l'influence, de l'affection, des fidélités et des infidélités. Elle n'a aucun sentiment, même si elle profite de tous les sentiments. Elle ne fait pas de cadeau.

Il y eut du passage dans le couloir, des étudiants, des étudiantes qui se racontaient une blague et pouffaient. Les trois sursautèrent. Gilles se rappela qu'il se trouvait dans un lieu public et qu'il avait étalé devant lui des documents explosifs.

–D'accord, très bien. Je pense que j'ai compris. Merci à tous les deux. Je vais reprendre ces fiches…

–Qu'allez-vous en faire ? demanda la jeune Polonaise.

–Eh bien, les apporter aux autorités. Notre contre-espionnage sera certainement ravi. Affaire classée.

Vilmos alla se placer comiquement devant la porte de sortie, leur adressa un regard humide et suppliant.

–Vous ne pouvez pas faire ça, monsieur ! Tout mais pas ça !

–Et pourquoi pas ?

–Vous ne connaissez pas les services secrets, voyons. Vous allez apporter cela à vos barbouzes, et qu'est-ce qui va se passer, d'après vous ? Tout le monde ici, au château, va être inquiété. Le collège va fermer un moment, le temps de l'enquête, peut-être définitivement ! Et nous devrons tous aller nous faire voir ailleurs ! Et puis tout le monde à la BNU vous a vu avec l'enveloppe, la bande, d'autres usagers… au moins une trentaine de personnes ! Dans toute cette assemblée, Vestnik se trouvait peut-être encore là.

– Et alors ? On ne peut pas toujours se régler sur…

– Et alors, vous avez oublié ce qui est arrivé à votre collègue ? Patrick Célice, dans les buissons du Palais universitaire, vous vous rappelez ?

Gilles ferma les yeux, secoua la tête et ne put empêcher la vision de revenir en force. Le corps de cet homme battu à mort, broyé par la machine à renseigner ennemie.

Depuis sa position devant la porte, Vilmos se força à se calmer et reprit la parole sur un débit plus lent :

– Nous… ne sommes pas sûrs de l'organisme qui a commandé ces fiches. Ça peut aussi bien être la *Securitate* roumaine que le KDS bulgare ou le GRU des Russes… le plus probable reste le KGB. Les fiches sont en russe, en russe de Russie ; donc, l'utilisateur final est très certainement le KGB. Sauf votre respect, monsieur, avec toute l'admiration que j'ai pour la France, si c'est bien le KGB qui est impliqué, non, ce n'est pas en remettant l'enveloppe à votre DST que nous serons à l'abri…

– Alors que préconisez-vous ?

– Ce qu'il faut faire, c'est retourner à la BNU à la vitesse de l'éclair. Remettre cette enveloppe à sa place. Intacte. Je dis bien à la vitesse de l'éclair ! Avec un peu de chance, le fameux Yegoza n'est pas encore passé relever sa boîte aux lettres.

Gilles soupira, désorienté.

– Et vous, Lena, qu'en dites-vous ?

La jeune fille se mordilla les lèvres, semblant soupeser chaque mot de sa réponse.

– Une affaire du MGB… pardon, du KGB, je… j'ai peur moi aussi. Vestnik n'est pas seul. Il a son officier traitant, mais sans doute aussi des collègues, des soutiens, des informateurs. Il doit avoir un réseau pour extrader les fiches. Les gens qui ont massacré Patrick Célice. Je ne peux pas... je ne peux pas penser autrement que Vilmos, monsieur Schaeffer ; nous venons tous les deux des pays de l'Est, nous savons tous les deux de quoi ces gens sont capables. Il faut rendre les fiches.

Gilles ne voulait pas donner raison à ses deux étudiants. Et en même temps... est-ce qu'il allait leur coller la pétoche pour le restant de l'année ? Ces jeunes gens avaient fui des régimes tyranniques, est-ce qu'il avait le droit de les y replonger de force ? Il était un chic type, oui ou non ?

Et puis la peur intermittente qu'il ressentait depuis la veille devenait plus dense, entrait en symphonie avec celle des deux autres. Imaginons qu'il se rende tout de même au commissariat, et qu'on le guette aux environs ?

– ... D'accord, on rend les fiches. Et ensuite ?

Gilles ne pouvait se satisfaire de cette action. Il y avait un document le concernant, dans cette enveloppe !

– Ensuite, fit l'étudiant... on avisera.

Gilles essaya d'attraper leur regard. Le Hongrois puis la Polonaise baissèrent les yeux.

« On avisera » : tout le monde sait bien ce que cela veut dire...

14

23 décembre 1954
de : Vestnik
à : Yegoza
(décrypté et traduit du russe)

Je confirme que la boîte aux lettres a été compromise. Elle a été fortuitement découverte par des civils. Ceux-ci semblent avoir pris peur : aucun signalement n'a été fait aux autorités d'accueil.

Si la liasse est ramenée dans la boîte aux lettres, je suggère qu'elle soit récupérée le plus rapidement possible. Je vérifie qu'aucune copie n'a été faite.

Je transmets en document joint l'identité des découvreurs. Je préconise de ne rien faire de trop définitif contre eux. Ce sont des cibles de l'opération Chtch et leur utilité future est bien plus grande. Ou bien seulement un petit coup de pression non signé.

Je poursuis la rédaction des fiches en attendant les nouvelles consignes. Néanmoins, je vous avertis que les documents s'accumulent chez moi. Je ne pourrai pas les conserver trop longtemps.

Sur la question des délais, je vous assure encore une fois qu'ils seront tenus. L'ensemble de Chtch sera terminé avant les vacances universitaires. Toutefois, vous pourriez m'établir une liste des cibles prioritaires, à tout hasard.

Dernière chose concernant l'enveloppe compromise : je suggère de faire un ultime dépôt de fiches à la boîte aux lettres de la BNU. Des fiches partiellement ou totalement fausses. Ceci pour discréditer l'équipe de gêneurs, s'ils décidaient tout de même d'avertir leurs autorités.

J'attends vos instructions.

15

Pour une fois, la BNU n'inspirait pas à Gilles sa révérence habituelle. Lena et Vilmos, à voir leur mine, auraient bien voulu se trouver ailleurs. Gilles n'était pas loin d'éprouver la même chose.

Ils essayaient de se donner mutuellement du courage. Vestnik pouvait les attendre n'importe où, prêt à intervenir quand il repérerait leur manège. Dans la sacoche de Gilles, l'enveloppe ; la poignée pesait à son bras comme s'il transportait un tank.

De l'autre main, il tenait un vaste parapluie qui les protégeait tous les trois : Jocelyne avait eu besoin de l'auto, il était donc venu à pied. Et puis voilà, le ciel avait décidé de déverser sur la ville de la brouillasse, pluie mêlée de neige.

Debout devant le perron de la bibliothèque, ils bavardaient en battant du briquet, n'arrivant pas à se décider, malgré la pluie. Les usagers montaient et descendaient autour d'eux d'un pas pressé.

–... Oh, moi, je ne resterai plus très longtemps au Collège, pérorait Vilmos. Ici, nous sommes loin de tout, nous sommes rangés dans notre boîte du soir au matin. Dès que je trouverai un moyen, une opportunité, je filerai étudier aux États-Unis ; ou bien au Canada ; c'est bien, le Canada. Je resterai là-bas. Avec mes diplômes, je serai embauché dans un grand groupe, les mines, l'industrie... Je monterai d'échelon en échelon. On ne vérifie pas votre conformité marxiste, là-bas : si vous êtes doué, vous montez. Et je deviendrai...

La jeune fille, l'attention ailleurs, lâcha la phrase rituelle :

–Ta gueule, Vilmos.

Le Hongrois se tassa un peu. Gilles savait combien il pouvait être agaçant, mais le voir ainsi coupé en plein élan lui fit un peu de peine.

Il regarda sa montre. Bon sang ! Ils avaient tout juste le temps, avant la « conf' » de Jean Paulhan.

–Nous y allons ?

Les deux étudiants dansaient d'un pied sur l'autre.

–Vous avez oublié, monsieur Schaeffer ? Nous autres, nous sommes *persona non grata*, ici.

–Ne vous en faites pas, mademoiselle. Vous êtes avec moi. En avant, cap sur les dictionnaires sumériens !

La grande salle de lecture s'avéra bondée, encore plus que la fois précédente. Ils se regardèrent encore, hésitant devant l'entrée. Comment allaient-ils faire ?

Le rayon de philologie sumérienne s'ouvrait droit devant eux, après vingt mètres d'espace bondé et surveillé. Qu'est-ce que ces gens avaient tous à venir travailler dans cette section absolument sans intérêt ? Les bibliothécaires, à leur bureau au centre de la salle, promenaient leur œil d'aigle sur toute la salle. L'un d'eux était le même que la fois précédente, celui qui les avait flanqués dehors... Sans oublier, juste devant le rayonnage qui les intéressait, un vieux professeur barbu et bedonnant qui lisait lettre à lettre le dos de chaque livre.

Vilmos Vass prit sa respiration et leur fit un clin d'œil :

–Bon, je m'en occupe. Vous, restez ici, intervenez seulement si ça dérape. Vous voulez bien me donner l'enveloppe, monsieur ?

Gilles obéit sans comprendre. Vilmos serra l'enveloppe kraft contre son cœur et franchit le seuil comme s'il entrait en scène...

Pour Lena et lui, ce fut un instant merveilleux à regarder. Le jeune homme traversa souplement l'espace jusqu'au rayonnage sumérien. Il utilisait à son avantage les groupes d'usagers, les meubles à fiches, et semblait instinctivement régler sa progression sur les inattentions des bibliothécaires. En quelques mouvements fluides, il se retrouva à l'emplacement voulu, juste derrière le vieux chercheur myope.

Gilles s'aperçut seulement alors que le garçon lui avait escamoté son parapluie, son grand parapluie dégoulinant. À aucun moment, il ne l'avait vu le prendre dans le porte-parapluie de l'accueil. Et quand le jeune Hongrois contourna courtoisement, avec une excuse, le vieux professeur, et lui glissa dans la foulée l'objet sous le bras, Gilles étouffa un juron. Mais à quoi jouait-il !?

Presque aussitôt, un glapissement s'éleva depuis le bureau des bibliothécaires. L'un d'entre eux, hérissé de colère, fonça sur le pauvre chercheur :

– Vous, là ! Avec votre parapluie ! Vous ne savez pas que c'est interdit ?

L'autre découvrit le pépin glissé sous son bras et ouvrit de grands yeux :

– Mais ce n'est pas à moi !

– Ben voyons ! Vous avez un parapluie sous le bras et il n'est pas à vous ?

– Mais je vous jure ! Un grand garçon m'a bousculé, ça doit être lui...

– Quel grand garçon ? Il n'y a pas de grand garçon ici !

Le bibliothécaire chercha autour de lui : il n'y avait personne dans les rayons, en effet.

– Vous allez venir avec moi à l'accueil déposer ce parapluie. Et pas de discussion !

Le vieux bonhomme fut bien obligé de suivre l'employé, et ils quittèrent les lieux.

Le niveau sonore monta légèrement. Tout le monde se regardait. Les étudiants ricanaient. Et soudain, Vilmos était de nouveau visible dans la pièce, comme enfanté du néant. Il revenait vers eux avec un fin sourire, les mains vides.

– Qu'est-ce que vous avez fabriqué avec mon parapluie, Vass ?

– Désolé, monsieur. J'avais besoin d'un leurre de distraction. Je n'avais pas trop de temps, j'ai dû improviser.

Lena plissa le front :

– Un « leurre de distraction » ? De quoi parles-tu ?

– Un objet destiné à détourner l'attention.

– Mais l'enveloppe ? questionna encore Gilles. Qu'en avez-vous fait ? Je ne vous ai pas vu la remettre en place.

– Et pourtant, c'est le cas. Au moment précis où le grincheux poussait son cri d'alarme.

Le jeune homme les entraîna à l'écart de la porte : mieux valait que le « grincheux » ne tombe pas sur eux en regagnant son poste.

Le Hongrois rayonnait de satisfaction et malgré lui, Gilles devait lui céder le point. Il aurait bien aimé savoir évoluer ainsi, comme Vass, dans les couloirs, dans les amphis pour éviter les indésirables... Cette action avait été précise et magnifiquement menée. L'étudiant venait, indiscutablement, de leur sauver la mise à tous les trois.

– Où tu as appris à faire ça ? questionna Lena. Tes déplacements invisibles, le jeu avec le parapluie...

Vilmos eut un sourire absolument insupportable :

– Tout ce que tu veux faire disparaître et apparaître, foulard, bijou, lapin blanc, sujet d'examen... Mes amis m'appellent le Magicien. Les autres... ils ont fini depuis longtemps dans mon chapeau à double fond.

– Bon, on ne va pas vous décerner une médaille, non plus, Vass. Tâchez d'avoir de bonnes notes au prochain examen, cela m'impressionnera plus. Et je vous rappelle que nous ne sommes pas venus ici pour donner un spectacle...

Gilles, Lena et le Magicien, puisque magicien il y avait, prirent le chemin du hall d'entrée. L'étudiante jeta quelques regards autour d'elle, traversée par une impression :

– Je me demande si Vestnik était là, pendant l'escamotage de Vilmos.

– Impossible qu'il m'ait remarqué ! martela l'intéressé. Personne ne peut me voir si je ne le souhaite pas !

Le jeune professeur répliqua, songeur :

– Peut-être qu'il ne se trouve pas loin... Il ne serait pas difficile de traîner un peu dans la salle, sans avoir l'air d'y toucher, en conservant un œil sur les dictionnaires sumériens... J'ai presque envie de m'attarder, pas vous ? Vous ne désirez pas savoir ? Apercevoir Vestnik ?

La jeune fille approuva : oui, elle aussi aurait aimé... Mais le Hongrois fit une moue d'incompréhension :

– Vous n'étiez pas pressé, monsieur Schaeffer ?

Gilles se frappa le front : quel idiot ! La conférence ! Il avait oublié la conférence ! Et la mère Bellegarde qui devait l'attendre en le vouant aux sept cercles de l'enfer !

Il délaissa ses deux comparses et traversa le hall au galop. En passant devant l'accueil, il jeta un regard de regret à son parapluie rangé, avec ses semblables, dans le dos de l'employée du vestiaire. L'objet du délit. Plus question de le réclamer, à présent.

Sur le perron, il adressa une supplique aux sombres nuages d'hiver.

Mais Gilles Schaeffer n'était pas Vilmos Vass, dit « le Magicien » : la brouillasse tombait toujours, et elle ne cessa pas pour si peu.

16

Heureusement, le trajet jusqu'au palais U était court. Un petit kilomètre tout au plus.

Gilles courait comme un dératé tout en faisant ses calculs : avec tous ces contretemps, il ne devrait avoir que quinze minutes de retard. Ce n'était pas encore un cataclysme. Une catastrophe, tout au plus...

Une fois dans l'enceinte du Palais universitaire, il perdit encore du temps pour passer à son bureau, enfin, celui qu'il partageait avec ses collègues. Il ne pouvait décemment pas se présenter à une conférence dans cet état, les cheveux dégoulinants et plaqués sur le crâne, le *trench* et le costume chargés d'auréoles, gorgés de pluie, et une odeur personnelle qui aurait même fait grimacer le chien de Hering...

Les lieux étaient déserts. Il entendait les éclats de voix de la conférence à quelques portes de là, dans un des amphis de l'étage. Une voix qui était peut-être celle de Jean Paulhan déroulait d'intéressantes idées... Chaque seconde était historique, et Gilles les voyait filer sans rien pouvoir y faire !

Il fouilla partout à la recherche de vêtements de rechange, mais il n'avait rien sous la main. Il se sécha comme il pouvait avec l'essuie-mains du lavabo. Il se regarda dans le miroir : c'était encore pire. Il se fit des grimaces mais cela n'y changea rien. Il n'était pas présentable.

Gilles s'aventura jusqu'à la porte de la salle de conférence. En se plaçant selon un certain angle, en tendant le cou, il pouvait presque voir qui parlait et...

– Schaeffer, c'est toi ? Vas-y, entre, il reste de la place.

Gilles sursauta, se raidit : un de ses collègues assistants lui avait pris le bras et l'encourageait gentiment à entrer. Il le relâcha aussitôt en considérant sa main détrempée :

– Qu'est-ce qui t'arrive ? chuchota-t-il. Tu n'étais pas là à l'ouverture ? La mère Bellegarde t'a cherché partout.

Gilles secoua la tête, désespéré :

– J'ai eu un empêchement. Un grave empêchement. Où est-elle ? Je ne la vois pas dans la salle.

Le collègue, serviable, s'avança dans les lieux et jeta un regard circulaire. Il revint rendre compte :

– Curieux, oui. En tout cas, elle y était tout à l'heure et elle demandait partout après toi. Elle est peut-être partie te chercher dans le bâtiment ?

Gilles frissonna dans ses vêtements spongieux de pluie. De pire en pire !

Il se montra, autant qu'il le pouvait, bon élève. Il assista scrupuleusement au reste de la conférence, sans cesser de guetter Bellegarde. Il se précipita pour mettre la main aux corvées finales, resta parmi les derniers à discuter avec les désœuvrés et finit la journée aphone, sur les genoux, engoncé dans son costume à moitié sec et raide comme du carton.

Une fois libéré, Gilles alla voir du côté du bureau de sa supérieure.

La porte était entrouverte. Denise Bellegarde se tenait debout au milieu de ses étagères, une cigarette éteinte dans la bouche, avec deux centimètres de cendre. Elle déplaçait avec peine un lourd paquet de thèses. De ce qu'il pouvait en juger, la pièce était un vrai champ de bataille : des livres, des paquets de feuilles déversés partout... Les lieux s'étaient toujours montrés encombrés, mais là, ils étaient totalement en vrac.

Lorsque Gilles frappa timidement à la porte, la vieille femme sursauta et fit une tentative comique pour tout remettre en ordre. D'une voix encore plus enfumée que d'habitude, elle coassa à Gilles d'entrer. Alors qu'il s'asseyait sur la chaise des visiteurs, elle lui adressa un salut froid, tout en poussant à l'aveuglette le plus gros du bazar sous le bureau.

– Tiens, Schaeffer, vous vous montrez enfin ?

– Madame le professeur, je suis inexcusable. Vous cherchez quelque chose ? Je peux vous aider ?

Et comme il faisait mine de déblayer le sol autour d'un meuble, elle l'arrêta, furieuse :

– Dites donc, ne vous gênez pas, espèce de petit fouineur !

– Je veux juste vous prêter la main !

– Si j'ai besoin de votre aide, je vous demanderai ! Et à l'avenir, je m'en garderai bien ! Vous ne tenez jamais vos promesses ?

– Je peux expliquer simplement ce qui...

– Je m'en contrefous, Schaeffer. Vous m'avez fait faux-bond. Vous m'avez mis dans une mauvaise situation vis-à-vis de mes collègues, de... Jean Paulhan lui-même. Je ne supporte pas la trahison.

– « Trahison », tout de même...

– Le mot ne vous plaît pas ? Alors voici qui vous plaira encore moins : je n'ai rien pu faire pour les Slaves. Les étudiants du Pourtalès. Vous allez devoir les garder. Tout le restant de l'année.

– Comment ?!

À cette annonce, Gilles s'était crispé. Il se doutait bien que sa défection de la journée aurait un prix, mais rien d'aussi coûteux !

– Eh oui mon vieux, c'est comme ça ! Vingt-trois blondinets, blondinettes en supplément, jusqu'au printemps prochain.

– Au moins, reparlons-en lorsque...

– Rien du tout ! Allez donc voir leur directeur, là, Burnham ! Il doit venir en janvier. Quant à moi, je m'en lave les mains : ne me reparlez plus jamais, oh non, plus jamais du sujet !

Le jeune professeur voulait crier, protester : ce que Bellegarde lui faisait là était une injustice totale, une monumentale vacherie !

Il se leva avec raideur. S'il en avait eu le pouvoir, il aurait soulevé tout le papier de la pièce, il en aurait fait une vague énorme, un golem de paperasse, et il lui aurait commandé d'étouffer, d'écrabouiller Denise Bellegarde.

17

Chaque nuit, Gilles cauchemardait. Au matin, il remontait du sommeil avec l'impression de s'être épuisé, d'avoir dépensé toutes ses forces. Il prenait son petit-déjeuner en pilotage automatique, il se préparait machinalement pour la journée ; avec toutes les situations pénibles que cela pouvait déclencher, ensuite...

Il avait toujours fait ce cauchemar, le même, depuis l'enfance. De moins en moins à mesure qu'il grandissait. Mais cette année, depuis septembre, il était revenu en force.

La fraîcheur du matin flottait au sol, plus prononcée encore sous les arcades. La frêle lumière de décembre révélait timidement le décor.

On entendait, ici et là, un embrayage donner de la voix. À quelques pâtés de maisons, les éboueurs ramassaient les poubelles dans un fracas de tôle. Dans les moments de calme, au détour d'une ruelle, on percevait parfois des pas furtifs. Un claquement de talons pressé : une vendeuse trottait vers sa boutique, une jeune fille aventureuse regagnait son chez-soi ? Un bruit plus sourd, plus raisonnable, de grosses semelles : un ouvrier ou un sous-directeur s'en allait prendre l'autobus...

Inquiet, Gilles vérifia l'heure à un cadran public : est-ce qu'il n'était pas sorti trop tôt de chez lui ? Cela lui était arrivé plusieurs fois ces derniers temps.

Il remontait la rue de la Division Leclerc. Il sursauta. Un tramway d'ordures le dépassa avec fracas, environné de sa puanteur.

Il porta son regard dessus sans le voir. Après son passage, il nota un graffiti de l'autre côté de la chaussée. Une haute lettre capitale, tracée à la grosse craie sur une porte : T.

Il avança. Le bruit de la circulation, ici, était assourdissant. Le nombre des passants, à mesure qu'il approchait du faubourg, augmentait de tous côtés.

Il suivait le tracé de la Grande Percée, ce chantier pléthorique qui n'était toujours pas achevé. À quand remontait le premier coup de pioche ? Au début du siècle, avait-il entendu. La Percée, tel un fleuve, avait opéré son tracé sinueux dans les vieux quartiers de la ville. On avait éliminé des taudis, on avait même raboté l'arrière d'une église pour lui livrer passage. Et au débouché du tracé, vers la rue de la 1re Armée, le chantier s'éternisait.

Gilles sentit à nouveau, à la frange de sa conscience, quelque chose à remarquer dans le décor. Il nota un autre graffiti sur une autre porte : E. Il haussa les épaules : que la rue vive sa vie, en quoi était-il concerné ?

Il restait coincé à Strasbourg. Partir, cela faisait partie de ses projets futurs, de leurs projets à tous les deux, avec Joce. Mais ils n'avaient pas les mêmes raisons. Pour Gilles, tant qu'il resterait ici, il courrait le risque de repasser près de l'endroit... Quand il pourrait se faire muter enfin, il irait n'importe où, vers le sud, vers le soleil ; peu importe, là où on voudrait bien de lui. Loin des souvenirs et des cauchemars. Là où il pourrait vivre, régler leurs comptes à ses angoisses.

La peur fleurit en lui.

un visage tordu par un sourire de peur plaqué contre la vitre la lèvre qui s'étire dans sa bave l'homme glisse lentement vers le sol et vers le pavé froid qui se tait

Le morceau de Souvenir l'avait arrêté en pleine marche. Il repartit en grognant : il allait finir par se mettre en retard tout de bon !

Les passants semblaient un peu moins nombreux sous les arcades. Alors qu'il s'y glissait, il remarqua une nouvelle lettre graffitée, en face : V.

TEV, donc. Ce qui ne voulait rien dire, le chercheur en lettres, en lui, était formel.

Le Souvenir venait de se manifester ; un écho de ses cauchemars de la nuit ?

Les choses s'étaient passées pas loin d'ici.

Après ce jour-là... le petit Gilles avait vécu des semaines, des mois insupportables. À l'époque, l'armistice était encore tout frais ; le quotidien se montrait dur pour tout le monde, mais Gilles avait reçu cette louche d'angoisse supplémentaire. Son entourage était au courant de... ce qu'il avait vécu, et lui avait offert toute l'affection possible. Mais le garçon était devenu tellement paniqué à l'idée d'approcher les lieux que sa famille ne savait plus quoi faire de lui. Il avait habité durant des mois chez ses oncles et tantes, sa grand-mère. Ses parents avaient finalement décidé de se reloger à quelque distance de la boutique.

Quand Gilles était devenu adulte, le père lui avait naïvement proposé de reprendre l'affaire. Il pensait que son fils avait surmonté ses cauchemars, et Gilles lui-même le croyait. Mais le garçon avait succombé à une crise de pure panique, il avait refusé hystériquement. Le père avait répondu à sa manière rude, *t'es plus un gamin, bon sang !*

Gilles n'avait jamais manqué de respect à son vieux jusque-là, jamais gravement. Mais là, avec ce qu'ils s'étaient jeté à la figure, ils avaient failli devenir ennemis mortels. L'engueulade leur avait laissé à tous les deux un amer goût en bouche, qui ne s'était jamais vraiment estompé.

Le jeune homme n'avait eu qu'une peur, c'est que le père revienne à la charge. Il s'était lancé dans son projet universitaire avec la fièvre du désespoir. Quand il avait montré, à la maison, sa lettre d'admission en faculté de lettres, personne n'avait rien trouvé à redire. Le petit se prenait en main, tant mieux. Gilles était devenu l'étudiant le plus sérieux, le plus assidu de tout le Palais universitaire. Ensuite, il avait rencontré Jocelyne, il s'était fiancé et on lui avait complètement fichu la paix.

Il faillit s'emplafonner dans une volée de petits Gitans qui déboulait d'une rue transversale, braillards, lancés à fond de train sur des bicyclettes sans pneus...

Il les regarda disparaître à un angle, retrouvant lentement le sens du présent. Et un nouveau caractère à la craie : O.

Gilles fut pris d'une fièvre brutale, comme le jour où était né le Souvenir.

Ce genre de messages avait poussé dans les rues, à la libération. Les murs proclamaient enfin les pensées ; les murs participaient à l'épuration. Puis les choses s'étaient tassées. La mode des accusations à la craie était passée.

À cause de ces saletés d'inscriptions, le Souvenir de Gilles ne voulait pas passer. Il poussa la porte de l'échoppe la plus proche ; un bistrot. Il s'accrocha au comptoir, commanda un petit express, un croissant, un œuf dur, tout ce qui lui venait à l'idée.

Il écouta les conversations. Des choses simples, réelles, vite ! On causait chevaux, cabane et étang de pêche à la campagne. On remarqua sa curiosité. Il se força à déplacer son attention.

Il observa le noir de nuit de son café, pouffa sans joie : est-ce que c'était là son avenir ?

Pourquoi son souvenir d'enfance revenait le hanter, ces temps-ci, avec autant de force ? La semaine précédente, c'est vrai, il déambulait dans les rues de Strasbourg en compagnie du Hongrois et de la Polonaise, avec un bon coup dans le nez. Il avait failli, par mégarde, passer devant la librairie. Le Souvenir lui avait infligé sa morsure acide.

Il y avait aussi cette vision forcée... du corps de son collègue. Oui, ce n'était pas sans raison que ses cauchemars se multipliaient comme les soldats d'un sinistre régiment.

Perdu dans la teinte pure de son café, il réfléchit au graffiti de la rue :

TEVO

Le message était frais de la nuit : il n'avait rien remarqué la veille en rentrant chez lui. Et le soir avec les deux Vitch, il en avait aperçu un autre, qui l'avait fait sourire :

PROFESSEUR = VOLEUR

Un texte plus ramassé, lisible en une fois ; mais peut-être de la même main ?

Est-ce qu'on s'adressait à lui ? Était-ce possible ?

Il fallait qu'il vérifie. À la sauvette, il paya la note, abandonna nourriture et boisson sur le zinc et retourna sous les arcades.

Gilles revint sur ses pas, les yeux braqués sur le trottoir d'en face. Il revit à rebours les caractères déjà repérés : O, V, E, T. Il releva encore un E puis un J ; puis il dépassa la porte de son immeuble et ne trouva plus rien.

Il repartit au trot, en direction du pont. Il commençait à deviner les lettres qui lui manquaient encore.

Il repéra un I majuscule, avec ses empattements bien marqués.

Il courut, il souffla. Et pour finir, tout près des quais, comme prévu, il releva un S.

JETEVOIS

« Je te vois. »

Pourquoi n'avait-il pas livré les fiches aux autorités ? Pourquoi avait-il écouté Vilmos et Lena, pourquoi avait-il marché dans leurs gamineries ? En remettant les fiches à leur place, ils avaient cru pouvoir apaiser les espions, rétablir l'équilibre, calmer le jeu... Mais ce n'était pas un jeu ; ou plutôt, c'était le Grand Jeu ; et Gilles n'en connaissait pas le tiers du quart de la moitié des règles !

Ils avaient été vus, c'était certain à présent ! Et ce malgré les précautions, malgré le soi-disant talent de Vilmos Vass, ce Magicien minable !

Et il allait se faire coincer là, un de ces jours, bientôt. Gilles ne le verrait pas arriver. À un tournant de rue, la nuit, on lui mettrait un chiffon imbibé sur le nez, ses paupières se fermeraient pour ne plus jamais se rouvrir.

Il déboucha devant le pont Saint-Nicolas. Il était en nage. Un point de côté lui vrillait le ventre. Devant lui, un tramway ralentissait pour entrer à la station. Il emprunta le pont, il se mêla aux usagers qui attendaient, se plongea dans la houle humaine. Il se fit insulter au passage. Il s'en fichait.

Est-ce qu'il fallait prévenir les deux autres ? Est-ce qu'ils le croiraient ?

Alors qu'il montait dans une rame, sans même se soucier de sa destination, il observa une dernière fois le S du message qui n'était pas pour lui, qui ne lui était pas adressé, ce n'était pas possible !

JE TE VOIS

Partie 3

Dans la ligne de mire

18

Quel idiot il avait été de ramener cette enveloppe ! À présent qu'il y repensait, il regrettait d'avoir écouté la trouille de ses deux étudiants. En plus, il avait été assez bête, avec ses deux acolytes, pour remettre l'original des fiches sans en prendre une copie.

Une fiche sur lui ! Ça ne pouvait pas exister ! Sa vie lui appartenait et rien qu'à lui ! Il fallait faire taire Vestnik ! L'identifier, le retrouver, apprendre comment il avait eu accès à ces informations ; puis lui faire rendre gorge, lui faire cracher ses petits papiers jusqu'au dernier !

Gilles était revenu de son coup de frayeur de l'autre matin, rue de la division Leclerc. Il s'était monté toute une affaire en épingle, il avait pris un graffiti aléatoire pour un message personnel du destin. Fallait-il qu'il soit vulnérable, fragilisé pour donner prise à de pareils raisonnements ?! Mais c'était fini, il voyait bien qu'il avait déliré. Quant à ce souvenir de son passé, il était loin derrière et ne méritait plus d'attention. D'ailleurs, son inconscient semblait d'accord : après cet épisode d'angoisse, Gilles n'avait eu que des nuits calmes et des rêves anodins, comme tout le monde.

Tout cela faisait qu'il se retrouvait une fois de plus, en fin d'après-midi, à la BNU. Pour contre-attaquer. Plus rien, désormais, ne le ferait reculer.

Il avait calculé pour revenir le même jour de semaine, à la même heure que la fois précédente avec la bande des Vitch. Il avait encore un peu de temps devant lui et attendait son tour au vestiaire. De part et d'autre, la population habituelle vivait sa petite vie : étudiants, professeurs, tel ou tel journaliste, une mémé cultivée qui s'ennuyait chez elle, des chercheurs étrangers venus consulter le fonds allemand...

On dénombrait 200 étudiants au Collège de l'Europe Libre. Dans l'enveloppe qu'il avait dénichée l'autre jour se trouvaient une dizaine de fiches, dont un quart était des fiches « environnement ». Si on faisait le calcul, et si Vestnik comptait ficher la totalité des étudiants slaves et de leur environnement, c'étaient 20 à 25 enveloppes qui devraient transiter par la boîte aux lettres de la BNU.

Dans l'enveloppe qu'il avait ouverte, les noms de famille provenaient de tout l'ordre alphabétique. Il était donc impossible de définir le numéro d'ordre de cette enveloppe dans la totalité des envois. Peut-être était-ce la première, peut-être la dernière. Dans tous les cas, il y avait une certaine chance pour que Gilles retrouve aujourd'hui, au même endroit, une enveloppe pleine de la prose de Vestnik.

Devant le guichet du vestiaire, il prit un moment pour essayer d'en savoir plus : qui avait rempli une fiche de vestiaire deux semaines auparavant, au moment où Gilles tombait sur l'enveloppe de Vestnik ?

Il baratina la préposée, une étudiante qui ressemblait à Marguerite dans ce qui serait une version balourde de la *Damnation de Faust*. Il prétexta une histoire de manteau confondu avec un autre. L'innocente Gretchen lui montra le registre, mais cela ne l'avança à rien : il y avait là une quarantaine de noms ; la plupart inconnus ; quant aux personnes connues, Gilles les avait de toute façon aperçues le jour dit.

La jeune fille était au bout de son innocence : elle refusa de le laisser repartir avec une copie du registre. Mais comment faisaient les espions, bon sang ?

Alors qu'il prenait possession d'une place dans la grande salle de lecture, Gilles remarqua la présence du professeur titulaire, Denise Bellegarde. Ils se saluèrent froidement. Depuis sa défection le jour de la conférence, les choses ne s'arrangeaient toujours pas.

Elle s'était installée à une table qui la mettait juste en face du rayon sumérien. Deux fois, trois fois, Gilles prit son élan pour se lever et s'y rendre. À chaque fois, Bellegarde leva les yeux au même moment. Il se rassit vivement.

Et puis zut, en quoi la curiosité de Bellegarde le concernait-elle ? Qu'elle aille se faire voir chez les Grecs !

Gilles se leva et se rendit franchement dans la section sumérienne.

Quelqu'un d'autre occupait l'emplacement : Vilmos Vass !

L'étudiant eu l'air tout aussi surpris que Gilles. Tous deux se demandèrent mutuellement, dans un éclat de voix, ce que l'autre fabriquait là.

– J'ai eu un doute, monsieur Schaeffer : si le réseau se doute de quelque chose, Vestnik ou Yegoza ne viennent plus. S'ils ne se doutent de rien, ils viennent, et Yegoza est passé prendre son enveloppe. Je voulais vérifier si...

– Il faudrait arrêter de réfléchir, Vass ; toutes ces allées et venues près des dictionnaires sumériens ne sont pas très subtiles, nous ne croyez pas ?

Et c'était vrai, bon sang, cela faisait des lustres que cette section existait, dans l'indifférence de tous. Et depuis deux semaines, tout le monde, semblait-il, n'en avait que pour ces fichus dictionnaires ! Si ce n'était pas déjà fait, cela allait finir par alerter les espions !

Il questionna son étudiant d'une voix grinçante :

– Vous n'étiez pas *persona non grata, ici ?*

– Si... Mais je n'arrive pas à dormir. Il fallait que je sache ! Et vous, pourquoi êtes-vous ici ?

– Oh, comme vous... Et alors, l'enveloppe s'y trouve-t-elle ?

– Je ne sais pas, j'allais regarder. J'ai pris beaucoup de précautions pour me glisser ici.

– Oui, bon. Alors allons-y !

Gilles et Vilmos manipulèrent les vieux dictionnaires. Quels étaient leurs titres, déjà ? Le jeune assistant n'avait pas fait bien attention. Et si la nouvelle enveloppe était plus petite ? Si elle avait déjà été récupérée ? À quel point ces procédures d'espions étaient précises ? Est-ce qu'il allait devoir sortir, un à un, les ouvrages sur trois mètres d'étagères... ?

Alors qu'il retournait ces réflexions, Gilles rencontra du bout des doigts un paquet en papier. Une enveloppe ! En kraft couleur tabac, anonyme, la même que la fois précédente !

Il la tira vers lui et la montra, navré, à Vilmos.

– Mon vieux, on dirait bien que nos adversaires ne se doutent de rien.

– Oh non ! Que peut-on faire ?

Le Hongrois se retourna, se rongea un ongle.

– Donnez-la moi. Je vais l'ouvrir.

– Pas la peine, je vais le faire.

Le plus délicatement possible, Gilles décacheta l'enveloppe. Il fit glisser au jour son contenu. Des caractères cyrilliques dactylographiés. Une photo jamais vue. C'était une livraison de Vestnik, oui. Une nouvelle livraison de Vestnik.

Gilles et Vilmos se regardèrent, mal à l'aise : et maintenant ? Le professeur avait eu le bon raisonnement, très bien.

Cependant, il n'avait guère réfléchi à la suite. Il se sentait à nouveau très fragile, très exposé au sein du labyrinthe de livres...

–Eh bien, me voilà rassuré, fit timidement le Hongrois. Remettons cette enveloppe à sa place et...

–Vilmos, enfin ! Réfléchissez ! Si nous opérons vite et bien... nous pourrions faire coup double.

Une idée se formait peu à peu dans l'esprit du professeur.

–Oui... Prendre copie des fiches et les remettre à leur place avant... avant la relève du courrier par Yegoza. Et nous, nous prenons tranquillement le temps de contacter les autorités. Nous leur apportons les copies, sans craindre de représailles.

–S'il vous plaît, monsieur le professeur, ne partons pas là-dessus. Remettons vite cette enveloppe ! Donnez-la-moi !

Vilmos chuchotait aussi fort qu'il pouvait sans attirer l'attention. Gilles aussi devenait fébrile : il fallait agir vite, et cette nunuche de Vass qui créait des complications !

–Non, Vass, je sais ce qu'il faut faire, je le vois clairement : prendre une copie de tout ce machin !

–Mais comment ? Si nous devons recopier tout ceci, cela va prendre un temps fou ! L'absence de l'enveloppe va se voir ! Et à quoi serviront des copies manuscrites, devant les autorités ?

–Enfin, nous sommes en 1954 ! On peut parfaitement prendre des clichés reprographiques d'un texte !

–Ben voyons, une machine à copier les documents ! Jamais entendu ça !

–J'ai déjà vu le dispositif. Une sorte de potence verticale qui permet de suspendre un appareil photo et...

–Vous ne possédez rien de tel, monsieur Schaeffer, n'est-ce pas ?

–Les photographes en ont parfois.

Gilles regarda Vilmos avec insistance :

– Il doit y avoir quinze ou vingt pages, mon vieux. C'est l'affaire d'une demi-heure, si on dispose du matériel. Est-ce un problème pour… Vilmos Vass le Magicien ?

L'étudiant recula dans l'allée, faisant des signes de dénégation :

– Je vous en prie, non… Ne me faites pas ce coup-là…

– « C'est la guerre, monsieur Schaeffer » cita Gilles, en imitant l'accent du Hongrois. Allez, hop, on se bouge !

– Ah, si Lena était ici… Elle serait partante pour des bêtises pareilles, elle !

– Certes, mais elle n'est pas là. C'est vous qui avez eu cette brillante idée de venir ici, Vass. Lena a déjà fort à faire avec ses études, elle porte déjà beaucoup sur ses épaules de jeune fille. Nous sommes des chics types, tous les deux, n'est-ce pas ? Ne la mêlons pas à tout cela. Laissons-la en dehors du coup. C'est à *vous* que je demande de l'aide.

– Je refuse.

Le professeur se détourna de Vilmos et se dirigea vers l'espace de travail. Il répondit, haussant un peu le ton :

– Très bien, *persona non grata*, vous l'aurez voulu !

– Attendez ! Je… si, je peux faire quelque chose.

Gilles s'en voulait, évidemment. S'il avait pu, il aurait fraternellement serré la main du Hongrois. Mais pour cette fois, il tenait à maintenir son aura glacée de professeur.

Vass, l'air misérable, continuait :

– Je dois pouvoir vous trouver… le matériel dont vous parlez. Un photographe, vous dites ? Demain… non, laissez-moi quelques heures.

Un sourire s'élargit sur le visage de Gilles :

– Eh bien voilà. Je trouve que tout s'arrange très bien, n'est-ce pas ?

– Du matériel et c'est tout, d'accord ? Ne me demandez rien d'autre !

– Promis. Parole de scout.

– Et vous, monsieur Schaeffer ? Qu'allez-vous faire pendant ce temps-là ?

– Je vais veiller sur l'enveloppe. Je la garde avec moi en attendant que vous trouviez le matériel. Rendez-vous à mon bureau dans deux heures. J'aurai les fiches, vous aurez le matériel. On prend nos copies et on repasse ici, à la BNU, avant la fermeture.

– … Donc, vous gardez les fiches ?

– Vilmos, je vous fais confiance ; faites-moi confiance. Moins nous en saurons sur ce que font les uns les autres, mieux ce sera. Nous sommes d'accord ?

Vilmos, réfléchit, fit des allers-retours entre les murs de livres. N'importe qui pouvait débouler dans la travée, à tout moment, et les voir plantés là avec la liasse de l'espion dans la main, tels deux lapins devant les phares d'une auto.

– D'accord, monsieur Schaeffer. Faisons ainsi.

19

Le jeune assistant se retourna, vif comme un serpent.

L'assemblée le regarda en toute naïveté.

Il avait entendu un rire. Un gloussement. Cette fois, il en était sûr.

Cela ne venait quand même pas de ce qu'il était en train d'écrire au tableau : les déliquescentes pampilles grammaticales de Mallarmé n'avaient pas ce pouvoir.

Et pourtant, quelqu'un avait ri. D'un rire coupable, vite étouffé. Cela faisait plusieurs fois ce jour-là, sans parler des séances récentes. Les cours précédents, il n'était pas sûr. Maintenant, il fallait qu'il en ait le cœur net.

Gilles arpenta l'allée centrale, balayant l'assistance, le mobilier. Les élèves n'osaient plus bouger. Comportement typique des coupables ; en tout cas des complices. Ils savaient tous. Seul lui, le prof, demeurait dans l'ignorance.

Alors qu'il gagnait le fond de la salle, les attitudes se firent plus nerveuses, plus fausses encore. Schott, Munier, Vilmos, la bande des Vitch, tous étaient à mettre dans le même sac, cette fois-ci : tous jouaient aussi mal la comédie de l'innocence.

Lena, elle aussi, fuit le regard de Gilles. Elle semblait spécialement fiévreuse et affolée. Il l'aurait bien questionnée, mais ce n'était pas elle qui intéressait le professeur en cet instant.

– Mademoiselle Bruczek.

La jeune Polonaise montée en graine sembla tout étonnée.

– Moi, monsieur le professeur ?

– Eh bien oui, vous. Levez-vous.

– Mais pourquoi je...

– Levez-vous et quittez votre place.

La fille s'exécuta à contrecœur ; tout le monde entendit le bruit d'un livre qui tombait par terre.

Gilles s'accroupit et regarda sous le pupitre de la jeune fille. Et...

... encore cette foutue plaquette !

Cette maudite, immonde, insupportable publication ! Il le savait, il aurait pu le jurer, qu'il allait trouver un nouvel exemplaire de cette horreur au fond de sa salle de classe !

– Tiens donc... *La faculté des plaisirs*. Vous envisagez une réorientation, mademoiselle Bruczek ?

La Polonaise rougit jusqu'aux cheveux. D'habitude, elle était la timidité même ; cette fois elle semblait au bord de la combustion spontanée. Gilles en eut presque pitié : il avait fallu que ça tombe sur elle.

Et puis en même temps, cela faisait trop longtemps que ce livre et ses lecteurs fantômes le narguaient. Trop longtemps qu'il n'entendait parler que de cela, dans les couloirs, trop longtemps que l'attention divaguait dans son cours à cause de cette plaquette. L'heure était venue de restaurer la dignité des leçons, anéantir ces vils divertissements et reprendre la mission sacrée de l'université ; et puis aussi, de faire un exemple.

Il ramassa l'objet et revint, à pas mesurés, jusqu'à son estrade. La classe, terrassée, n'avait jamais été aussi silencieuse.

– Nous disions donc *La faculté des plaisirs*. Par cet illustre auteur, Guillemette Lappliquée-Alétude...

Il allait leur en donner une lecture critique dont ils se souviendraient.

Il ouvrit le livre au hasard.

Ville facile

Viens, mon beau visiteur, et sans guide et sans carte
La main bien refermée sur ta canne de bois
Longe, frôle et refrôle mes ardentes parois,
Viens perdre ton regard dans mes rues qui s'écartent.
Puis monte vaillamment jusqu'à mon Capitole
Observe comme, ici, la nature est vivace
Poussant des herbes folles jusque sur la grand-place ;
Ma source qui distille l'ivresse des alcools.
Viens boire à ma fontaine, mon charmant visiteur,
Dans mon eau capiteuse laisse filer tes doigts.
Mon flot capricieux sous tes gestes adroits
Rafraîchira ton feu, chauffera ta froideur.
Mon cœur s'affolera tandis que le jour point
Et je serai en rue, et tu seras en vit

Et tu prendras d'assaut mes façades ravies
Et tu habiteras tout au fond de mon... coin.

Gilles éloigna les yeux de la page. Toute la classe attendait. Il n'allait tout de même pas lire ceci à voix haute ! Même dans l'intention de leur donner une bonne leçon. Il n'y arriverait pas sans rougir.

Il surprit encore le regard de Lena.

Elle soutint le sien avec effronterie, puis un certain trouble, avant de se refaire, un peu trop tard, un visage neutre. Mais malgré elle, son petit minois dégageait toujours une aura de pure provocation...

Le professeur referma le livre, grommela :

– N'importe quoi ! Nous méritons mieux que ça.

Il jeta ce nouvel exemplaire à la corbeille, avec l'impression de remplir un tonneau sans fond.

– Nous avons assez perdu de temps avec ceci. Bruczek, je pense que les instances du Pourtalès seront surprises d'apprendre vos choix de lectures personnelles. Un rapport partira ce soir même. Veuillez quitter mon cours, mademoiselle.

– Non, *błagam* ; pitié ! Je vous en prie, monsieur Schaeffer. Je ne sais même pas ce que ce livre faisait sous ma table. Il n'est pas à moi, je vous le jure !

Gilles attendit, imperturbable, que la jeune fille vide les lieux.

Mais alors qu'elle rassemblait ses affaires, Katowicz leva la main. Sans attendre la parole, elle déclara :

– Votre réaction n'est pas juste, monsieur !

– Je vous demande pardon ?

Désormais, il se méfiait de toute confrontation avec la brillante étudiante ; mais cette fois-ci, il n'y échapperait pas.

– Vous le savez très bien. Le hasard a frappé notre camarade, mais nous sommes tous coupables. Ce petit livre, nous le faisons circuler en cachette, d'une table à l'autre. Nous le lisons tous. Les étudiants du Pourtalès comme les autres.

Chacun réagit à sa façon : Schott s'empourpra, chercha quelqu'un à taper, se calma ; la petite Munier devint rouge brique. Vilmos Vass prit un air finaud et absolument insupportable...

Mais aucun, aucune d'entre eux tous ne démentit Lena Katowicz. Le groupe d'élèves du début, Français et Slaves rassemblés par le hasard du destin, avait pris sens. La classe, au sens plein, existait.

Cependant, elle ne pouvait pas exister *contre* Gilles.

– Vous voulez quoi, Katowicz, un procès équitable ?

– Et pourquoi nous reproche-t-on de lire de la poésie érotique ? Parce que ce n'est pas moral ? C'est de la lecture, oui ou non ? Est-ce que l'érotisme vous fait... peur, monsieur Schaeffer ?

– Est-ce qu'il ne vous fait *pas* peur, ma petite demoiselle ? Alors dites-moi pourquoi, tous autant que vous êtes, vous lisez ce recueil *en cachette* !

Gilles sentit qu'il avait marqué un point. Avant que Lena réagisse, il enchaîna :

– Bien ; poursuivons le cours. Et vous, Bruczek, qu'attendez-vous pour nous soulager de votre présence ?

L'étudiante fautive se dirigea enfin vers la sortie.

Mais aussitôt, Lena se leva. Suivie de Vass. De Schott. De Munier. De tous. Dans un grondement de chaises, une bonne moitié de la classe se mit debout, le visage neutre, indéchiffrable.

– Nous en sommes là, la classe ? fit Gilles, acide. Eh bien sortez, puisque vous le voulez !

Et comme le flux s'écoulait trop lentement, le professeur se surprit à crier :

– TOUS ! Sortez tous ! La leçon est terminée !

Alors qu'il rangeait sa sacoche, à la recherche de son calme, une tête aux cheveux gris tirés en arrière passa par l'entrebâillement de la porte. Denise Bellegarde.

– Schaeffer ? Est-ce que tout va bien ?

– Oui, oui... j'ai libéré les étudiants. J'ai... trouvé quelque chose qui n'avait rien à faire au fond de la classe, et j'ai voulu marquer le coup.

La vieille enseignante le rejoignit :

– Ah oui ?

– Regardez plutôt.

Gilles exhuma de la corbeille la sulfureuse plaquette et la tendit à Bellegarde.

– *La faculté des plaisirs*, je vous demande un peu !

Il s'animait tout en parlant : il fallait que sa supérieure comprenne bien qu'il n'avait rien à voir avec ces lectures. Rien à voir !

– ... des jeunes gens travaillés par leurs hormones, guidés par leurs instincts...

La vieille femme avait pris une posture de spectatrice, appuyée à une table d'élève. Elle tassait une cigarette contre le bois, en attendant de l'allumer. Et moins elle semblait partager la colère de Gilles, plus il l'alimentait.

– Je n'ai jamais rien lu d'aussi dégradant, d'aussi bas, d'aussi ordurier, d'aussi...

– Et vous avez conclu le cours de cette façon ? coupa Bellegarde, d'un ton distrait. Vous n'avez pas analysé le poème, comme vous en aviez l'intention ?

– Mais... Mais non, enfin ! De toute façon, il n'est pas prévu au programme, et...

– Moi, je l'aurais fait, Schaeffer. À votre place, je l'aurais fait.

L'enseignante le laissa, secoué, digérer ses paroles. Elle sortit.

Il l'aperçut encore traverser la place Brant, tirant sur sa cigarette, environnée de son habituel nuage gris-bleu.

20

Vilmos avait insisté pour qu'ils se retrouvent ici. Gilles n'était pas très familier des milk-bars, et cet Ivy Mike ne faisait pas exception. Le large carrelage en damier, les néons qui dessinaient un étrange chemin au plafond, le mobilier en tubes et formica, les tables vissées au sol, la déco sur le thème des bombardiers américains... : rien de ceci n'était son monde.

C'est ici que la bande des Vitch se repliait, à présent qu'on ne l'avait plus en odeur de sainteté à la BNU. Ce n'était d'ailleurs pas une exclusivité des élèves de Gilles : on croisait ici beaucoup d'étrangers. À côté des étudiants qui travaillaient en groupe ou lisaient dans leur coin, des tablées papotaient dans des langues improbables, jouaient aux échecs...

Dans la sacoche de Gilles, une chemise avec la copie des fiches, celles de la deuxième enveloppe de Vestnik. Les deux garçons avaient fait aussi vite qu'ils pouvaient pour photographier l'ensemble puis le remettre entre les dictionnaires sumériens. Ils avaient longtemps attendu que le photographe rende le développement : si les clichés étaient ratés, ils auraient effectué tout cela pour rien, sans aucune seconde chance.

Gilles venait tout juste de récupérer les tirages. Il était venu en avance au milk-bar, s'était glissé sur une banquette d'angle sans que personne le remarque. Il attendait que Vass porte le regard de son côté pour lui faire signe de le rejoindre.

Debout à l'emplacement le plus en vue, le plus éclairé de la salle, le Magicien enchaînait manipulations et tours de cartes. Il en faisait des caisses, demandait un foulard, se servait de lui-même au cou des jeunes filles... Celles-ci le couvaient avec des yeux brillants. Les garçons grognaient dans leur coin ; tout était dans l'ordre des choses.

Le professeur chercha Lena des yeux. Perdue dans un groupe de copines, la jeune fille sirotait un lait-fraise, les yeux braqués sur le Magicien. Tout comme les autres, elle suivait avec plaisir la danse des mains du garçon.

Dans le même temps, le Hongrois déroulait son discours de scène ; contrairement à l'habitude des prestidigitateurs, il ne racontait pas des salades pseudo-ésotériques ; il rigolait, commentait le moment, entretenait une atmosphère anodine.

– ... Si vous voulez pratiquer la magie, hop, vous pouvez faire cet exercice, par exemple. Il me faudrait une fleur, un bouquet ; voyons...

Vilmos porta le regard vers les confins de la salle. L'assistance se retourna, chercha avec lui. Pas de bouquet.

– Laissez tomber, ceci fera l'affaire.

Et voilà qu'il tenait dans ses mains la plante en pot du comptoir ! Et sur le comptoir, à trois mètres de lui ? Plus de plante !

On relâcha son souffle, on commenta entre spectateurs, mais déjà le Magicien passait à autre chose :

– Pourquoi ai-je ceci en mains, moi ? Tiens, Lena, je t'en prie, accepte ce modeste présent...

Et il offrit à Lena Katowicz la plante en pot, avec des yeux pleins de supplication. La Polonaise n'eut pas d'autre choix que d'accepter en pouffant de rire. Tout le monde s'esclaffa, applaudit la pseudo-favorite. Même les autres filles, et de grand cœur. Vilmos était parvenu à engager publiquement Lena, sans pour autant faire de jalouses. Ce n'était pas qu'une affaire de souplesse des doigts, se dit Gilles, non : le Magicien arrivait à faire croire à chacune qu'il ne jouait que pour elle.

Gilles n'aimait guère ce côté esbroufeur, chez son élève ; mais en secret, il devait bien admettre que gars-là était doué. Avec les mains, avec les filles... Oui, parole, qu'est-ce qu'il était doué !

Petit à petit, les studieux lâchaient leurs livres, les timides se rapprochaient. Au fond, avec Vass, avec Lena et toute la bande des Vitch, il n'était pas si mal tombé. Par instants, c'était un régal de les côtoyer, ces jeunes gens. Gilles en voulait toujours à Joël et Bellegarde pour ce cadeau empoisonné, bien sûr. Mais il commençait à y trouver de bons côtés. Et dire qu'il allait devoir interrompre tout ceci...

Le professeur n'était pas sûr de ce qui allait se passer, tout à l'heure. Avec Vass, avec Lena. Il serra contre lui sa sacoche, les nouvelles fiches de Vestnik. Il ne se sentait pas... extrêmement rassuré sur ce qu'ils avaient accompli, Vass et lui.

Le Hongrois, justement, avait appelé une volontaire. Serré tout contre la jeunette, ravie, il actionnait ses avant-bras pour lui faire soi-disant répéter une manipulation :

– ... À présent, tu places ta main ici, comme cela... Alors, c'est amusant, non ? Tout de même plus que ces *pensums* de commentaires de textes que Schaeffer nous inflige dans s...

C'est alors que le Magicien aperçut son professeur. Sa tirade s'acheva en un minable gargouillis.

Il expédia la fin de sa séquence, et les admiratrices qui voulaient toutes lui parler. Rouge d'embarras, il rejoignit Gilles à sa table, accompagné de Lena.

Gilles et son étudiante s'étaient pardonné leur coup de sang à propos de la plaquette érotique et du signalement de la petite Bruczek. Elle le salua gaiement :

–Bonjour, monsieur le professeur. Cela fait plaisir de vous voir ici, sur notre fief.

Le professeur hocha la tête, crispé. La Polonaise les observa tour à tour.

–Que se passe-t-il ? Mauvaise nouvelle ?

–Lena…

Gilles prit sa respiration.

–J'ai… du nouveau. Concernant Vestnik. Vass est déjà au courant.

La jeune fille blêmit :

–Eh bien ?

–Nous… avec Vilmos, nous sommes retournés à la « boîte aux lettres ». Hier. Attention, nous avons pris toutes les précautions ! Impossible que l'on ait remarqué quelque chose.

–… Alors ? répliqua la fille d'une voix blanche.

–Alors, il y avait de nouvelles fiches. Une seconde enveloppe. La voici.

Gilles déposa le dossier sur la table, au milieu des verres et des ramequins de cacahuètes.

Lena Katowicz les dévisagea comme s'ils étaient fous à lier.

–Donc… Donc vous êtes en train de me dire que… qu'au lieu d'oublier toute cette affaire comme nous en étions convenus, vous êtes retournés sur les lieux et vous avez, délibérément cette fois-ci, volé un… un réseau du KGB ?

–Je n'ai rien fait, moi ! protesta Vilmos. Ce n'était pas mon idée ! J'ai juste donné un coup de main pour la copie !

La jeune fille explosa ; on l'entendit dans tout le milk-bar :

–Mais vous êtes complètement stupides ! Des… des guignols de niveau olympique ! Comment peut-on faire confiance à des pignoufs comme vous !?

Le Hongrois dansait sur sa chaise, et Gilles n'était pas loin de se déliter lui aussi. Il faillit réagir autoritairement et jouer les professeurs outrés, mais s'en empêcha : la jeune Polonaise avait raison ; *globalement* raison...

– Du calme, Katowicz. C'est vrai, je suis passé outre notre accord. Mais cela ne me convenait pas et je l'avais indiqué : Vestnik doit être mis hors d'état de nuire. Et pour cela, il faut des preuves.

La jeune fille prit une inspiration mais attendit la suite.

– Ce que vous n'avez pas bien écouté quand Vass s'expliquait, c'est qu'il s'agit d'une *copie*. D'une copie conforme. Les originaux ont été remis à leur place sur-le-champ, à la BNU. Et cette copie, que cela vous plaise ou non, elle se trouve là, sous vos yeux. Nous sommes libres de la déposer telle quelle aux autorités ou bien d'en prendre connaissance avant. En ce qui me concerne, je voudrais en prendre connaissance. Et quand vous saurez ce qui se trouve dans cette liasse, vous le voudrez aussi, Katowicz.

Gilles observa une pause avant de préciser :

– Il y a une fiche sur vous.

La jeune fille avait fini de lire. Elle reposa d'un geste lent les documents sur la table. Les yeux dans le vide, perdue en elle-même, elle ne voyait rien.

– Lena ? Tu te sens bien ? interrogea Vass.

Comme elle ne répondait pas, il fit glisser à lui les papiers. La jeune fille lui écrasa le poignet pour arrêter son geste. Puis relâcha sa prise :

– Après tout, qu'est-ce que ça peut faire ? Apparemment, tout le monde est déjà au courant.

Vilmos lut à son tour le document en russe et perdit tout à fait contenance.

– Alors ? demanda Gilles. Que dit Vestnik, bon sang ?

Une fois de plus, il se sentait comme l'idiot de la bande.

Lena répondit elle-même :

–Comment ce salaud l'a appris, je n'en sais rien... mais voilà : je suis l'auteur de la plaquette de poèmes.

Face à l'air ahuri de Gilles, elle précisa :

–*La faculté des plaisirs*. C'est... c'était... une expérience. Pour voir jusqu'où j'étais capable d'aller en français, en langue française.

Le professeur remua lentement la tête, se força à refermer la mâchoire. S'il s'attendait à ça ! Il chercha de l'œil le Hongrois, mais celui-ci s'intéressait puissamment à son verre. Voyant que Gilles pataugeait à se raccrocher à la réalité, Lena eut un sourire amer :

–Évidemment, voilà un type de poésie que nous n'étudierons jamais en cours, monsieur Schaeffer...

–Je... Il ne faut pas...

La fille haussa les épaules.

–Je suppose que vous allez envoyer un rapport accablant à l'autorité du Pourtalès. Comme pour Bruczek. Je n'ai plus qu'à plier mes bagages.

Suivant le fil de ses pensées, elle serra furieusement les poings :

–Quant à ce Vestnik... Comment a-t-il fait ? Quelqu'un m'a vu distribuer les plaquettes, peut-être... Mais j'ai pourtant... Ah, si je tenais ce *bękart*, ce salopard...

Gilles devait se prononcer. Les deux autres attendaient cela de lui. Il lui semblait même que, dans la salle, les consommateurs le regardaient en coin. Sans doute ne savaient-ils pas de quoi il était question, mais après l'éclat de colère de la Polonaise, ils guettaient la poursuite de ce petit théâtre...

–Je ne sais pas si je vais... laissez-moi réfléchir un instant, vous voulez bien ?

Bien sûr, s'il voulait se montrer juste, il lui faudrait appliquer le même principe que pour Bruczek. Mais à la différence de son étudiante dissipée du fin fond du cours, Lena venait de tout lui avouer, leur avouer. Elle venait de leur offrir une profonde marque de confiance.

Gilles reprit :

– Il y a d'autres fiches, regardons-les ensemble.

La liasse s'avéra moins épaisse que la précédente. Néanmoins, sur les personnages dont le nom disait quelque chose à Gilles, elle contenait des faits... renversants. Dans chaque cas, il se maudit pour la naïveté qui avait été la sienne.

Hering, son collègue qui ne vivait que pour sa revue littéraire, l'alimentait... en pillant de vieilles publications introuvables. Par ailleurs, il entretenait des liens étroits avec le monde ouvrier militant. Il travaillait à monter un syndicat des professeurs assistants. Vestnik recommandait de recruter cet « élément de valeur » dès que possible...

Joël, le responsable des effectifs, avait pour lui, Gilles Schaeffer, un projet très précis : il s'agissait, en trois ans maximum, de faire sauter Denise Bellegarde, puis de faire jouer ses appuis pour mettre le jeune professeur à sa place. Cela semblait briser toutes les règles, et Gilles eut envie d'en rire. Mais il connaissait son beau-frère : ce bougre de rhinocéros en était tout à fait capable !

Le jeune professeur n'était pas sûr d'apprécier tout ceci. Jusqu'à présent, il s'était toujours dit que son travail, son seul travail l'avait mené où il était. Si Joël prévoyait d'aplanir les difficultés autour de lui à l'avenir, qu'est-ce qui disait qu'il ne l'avait pas déjà fait par le passé ? Et c'est vrai, en revenant en arrière, Gilles devait bien admettre qu'il avait eu plusieurs fois beaucoup de chance...

Le reste se révéla encore plus navrant : son beau-frère, qui sous-entendait partout, avec ses airs de baroudeur, avoir libéré la France à lui tout seul, servi le thé du Général d'une main tout en faisant sauter des trains de l'autre, Joël Prigent était un résistant de la dernière heure. Son plus grand talent avait été de connaître, à la Libération, un sous-fifre du ministère de la Défense, qui lui avait fabriqué de magnifiques états de service de FFL. Muni de ce passé légendaire, Joël avait réussi son deuxième coup d'éclat : se faire embaucher dans l'administration de l'université...

Ils terminèrent péniblement de lire les fiches, du moins ce qui, dedans, pouvait les concerner. Leur curiosité avait reçu son indigeste nourriture.

– Et maintenant ? Que fait-on ?

Vilmos avait posé la question le premier, mais tous trois l'avaient sur les lèvres.

– Concernant votre... activité d'écriture... mademoiselle Katowicz...

La jeune fille jouait avec une tache d'humidité sur la table, évitant de les regarder. Comment imaginer que cette petite étudiante au joli visage tout chiffonné pouvait décrire des scènes orgiaques ? Des accouplements qui défiaient toutes les lois de l'anatomie et de la gravité ? Et tout cela en rimes académiques, métrées et cadencées ? Quelle était donc sa vie secrète, à la polissonne Polonaise ? Gilles se surprit à inventer des images... qu'il regretta aussitôt.

En tout cas, il était un chic type. Il ne pouvait pas balancer Katowicz. Certes, il l'avait fait pour son autre étudiante, celle qui avait introduit la plaquette dans son cours. Mais avec cette Bruczek, Gilles n'avait pas bourlingué toute une nuit dans le centre-ville de Strasbourg. Il n'était pas monté, avec elle, sur les échafaudages de la tour Valentin-Sorg. Bruczek ne l'avait pas serré contre elle, noyé dans ses cheveux, l'espace d'un instant magique, au milieu de la nuit, du vent et du froid.

– Donc, concernant votre activité d'écriture, mademoiselle... Je suppose que vous allez arrêter tout cela ?

Comme Lena ne répondait pas, il se dépêcha d'ajouter :

–En tout cas, je ne veux plus jamais voir un seul exemplaire de ce livre dans ma classe, vous entendez ? Même plus une page, plus un seul mot ! Débrouillez-vous !

Elle hocha d'un petit geste son tout petit minois :

–Oui, monsieur le professeur. Plus un mot.

Vilmos se décida à reprendre la parole : le moment dangereux était passé...

–Alors que fait-on ? Ces fiches contiennent trop de secrets. Cela ne ferait de bien à personne de...

Lena répondit sans attendre. Elle observait Gilles avec un mauvais sourire en coin.

–À présent, nous sommes deux à souhaiter la chute de Vestnik, de Yegoza et de tout le réseau. N'est-ce pas, monsieur Schaeffer ?

Gilles approuva gravement. Elle questionna son camarade, sans quitter Gilles des yeux.

–Vilmos ?

–Tu ne vas pas t'y mettre aussi, Lena ! Je n'en peux plus, de me faire forcer la main ! Nous avons déjà pris cent fois trop de risques ! N'en dites pas plus !

–Eh bien... renchérit Gilles, c'est ce qu'on appelle une majorité, non ?

–Alors c'est parfait, fit Lena, en forçant la voix pour couvrir les protestations du Hongrois. À partir d'aujourd'hui et jusqu'à ce que cette affaire soit résolue, je déclare ouverte la chasse aux espions.

Ils commandèrent chacun un milk-shake. Vilmos, de mauvaise grâce, trinqua avec eux.

Peu à peu, le bar s'était vidé. Les admiratrices du Magicien avaient pris l'autobus pour le château. Une dernière serveuse fatiguée parcourait d'un pas traînant le carrelage noir et blanc.

–... Ce que je me demande, c'est ce qui peut servir de source à un pareil personnage.

Maintenant que la tension était bien redescendue les neurones des uns et des autres s'agitaient. Gilles réfléchissait tout haut, en tapotant l'enveloppe du doigt.

–Il y a de tout, dans ces fiches : des informations administratives, le passé personnel, l'environnement social, les manies, les opinions politiques, l'appartenance à des groupes, et même parfois des projets !

–Oui, ronchonna Vass, par exemple ta future carrière dans la pornographie littéraire, Lena...

–Arrête tout de suite de plaisanter avec ça, compris, le Hongrois ?! Moi, ça ne fait pas rire. Le jour où j'aurai envie de te raconter ma vie secrète, je te ferai signe, d'accord ?

–Ne t'énerve pas, je voulais simplement...

–Eh bien arrête de vouloir !

Gilles s'interposa :

–Du calme, Katowicz. Vass est un chic type, et aucun de nous ne s'y connaît en enquête de contre-espionnage. Un peu d'indulgence, d'accord ?

–Je suis impatiente qu'on déniche la fiche de cet andouille, pour que moi aussi je puisse rire.

–Du calme, je vous dis ! Réfléchissons plutôt à ce que nous allons faire. Comment atteindre l'autorité compétente.

Vilmos secoua la tête.

–Oui, comment ? Quelqu'un ici connaît-il un espion ? Je veux dire un contre-espion français ?

Le professeur haussa les épaules :

–Bien sûr que non. Mais ce n'est pas nécessaire. Je pense que nous pouvons nous rendre au guichet de la police et demander à voir...

–À voir qui ? Vous l'avez observée, la police française ?

Vass prenait les deux autres à témoin.

– Cet inspecteur qui nous a pris pour des demeurés, le jour où nous avons découvert le cadavre ?

Ils ruminèrent tous les trois un moment. À la police, c'est vrai, ils avaient toutes les chances de se faire rembarrer. Au mieux, l'affaire prendrait son temps pour remonter. Quant à atteindre un contact à la DST, ce n'est pas Gilles qui s'y serait retrouvé dans le maquis administratif français. Il avait déjà du mal à faire tamponner un papier au secrétariat de sa faculté…

Soudain, le visage de Katowicz s'illumina :

– Hé ! Et si je vous disais que… en fait, il existe une autre solution ! Et vous la connaissez ! Mais si, nous en avons parlé il n'y a pas si longtemps. Raaah, vous l'avez en mémoire !

Les deux autres l'observaient sans comprendre.

– Burnham ! James Burnham, vous vous rappelez ? Mais si, voyons. Je vous ai dit qu'il était de la CIA, non ?

– Encore ce truc, Lena ? Burnham est américain, voilà tout ce que l'on sait. Ça ne fait pas de lui un espion ! De toute façon, il vit… je ne sais pas où, mais sûrement quelque part aux États-Unis. Est-ce que nous avons vraiment le temps de faire la traversée ?

Gilles arrêta Vilmos d'une main sur le bras :

– Il y a une chose que vous ne savez pas, vous autres : James Burnham va venir à Strasbourg. Il va se rendre au Pourtalès. En visite d'inspection. Il va visiter le Collège, et rencontrer les instances de l'université. Je pense… qu'il vient aussi un peu sauver les meubles : parmi nos « mandarins », tous n'approuvent pas ces liens tissés entre une institution publique française et une fondation privée américaine.

– Quand doit-il être là, au juste ?

– Je ne sais plus exactement, Katowicz. Je peux retrouver l'information. Mais vous avez raison, c'est peut-être là notre chance.

–Je ne suis pas sûr que cela fonctionne de cette manière, hasarda le Hongrois. Tout ce que nous...

–Il s'agit de son établissement ! coupa Lena. Il en a intérêt, à se sentir concerné !

Un ange passa dans le milk-bar ; lent et pesant tel un bombardier américain. Vilmos secouait machinalement la tête, dubitatif. Gilles et Lena patientaient. À la fin, le Magicien lâcha un gros soupir.

–Bah, faites comme vous voulez. Quand la France et la Pologne font alliance, la pauvre Hongrie n'a plus que les yeux pour pleurer...

Gilles se racla la gorge et, tout en remettant la liasse dans l'enveloppe, aborda un dernier sujet.

–Ceci étant posé, il reste une question : que faire des fiches ? Je veux dire, en attendant de rencontrer Burnham. Maintenant que nous nous disons tout, décidons ensemble. Je peux tout à fait les garder par-devers moi, mais...

–Et pourquoi ? coupa le Hongrois. Vous... vous avez fait votre part, nous pouvons faire la nôtre.

–Vous pensez à Lena ?

–Ou à moi. Je suis le Magicien, je vous rappelle. S'il faut faire disparaître des fiches puis les faire réapparaître au moment opportun, je pense être la bonne personne.

–Et moi je ne pense pas, justement.

–Et pourquoi cela, monsieur ?

Vilmos s'était penché en avant, appuyé sur la table de bistrot. Gilles, assis au fond de sa banquette, soutenait son regard.

–Heureusement que nous sommes censés décider ensemble...

La jeune Polonaise avait parlé d'une voix douce, à l'adresse du plafond. Les deux hommes, penauds, relâchèrent leur tension.

–Tu veux garder les fiches, peut-être ? fit Vilmos.

–Chez moi, dans ma chambre au Pourtalès ? Pourquoi pas. Au fin fond de la campagne strasbourgeoise, dans un endroit plus surveillé que la banque fédérale américaine : un dortoir de jeunes filles. Cela te pose un problème ?

Vilmos secoua la tête, pas très sûr de lui.

–Non, non. Mais comme ta propre fiche figure dans le paquet...

–Si je prends le paquet chez moi, il se pourrait bien en effet que ma fiche se perde dans les manipulations...

Gilles et Vilmos ne savaient pas si c'était du lard ou du cochon. Devant leur mine flottante, Lena reprit fermement :

–Enfin bon sang ! Nous sommes montés tous les trois à la tour Valentin-Sorg ! En pleine nuit ! Et vous doutez de moi !? Est-ce que vous avez douté de moi quand je vous ai tendu la main, là-haut !?

Gilles la regarda gravement et, sans un mot, poussa l'enveloppe vers elle. Vilmos ne fit aucune objection.

21

Gilles était un vrai strasbourgeois, depuis toujours. Il avait beaucoup marché dans ces rues avant d'être motorisé. Et même à présent qu'ils avaient une auto, il ne se bagarrait pas trop avec Joce quand elle voulait la lui emprunter. Il sentait régulièrement le besoin de redevenir piéton.

Il rentrait chez lui, prenant par la Nuée-Bleue, pas désireux d'être ralenti par les badauds des rues commerçantes.

Gilles se sentait infiniment soulagé. L'année nouvelle débutait. Ils allaient enfin faire un pas décisif. Il verrait

Burnham, il lui montrerait les documents, il lui dirait ce qu'il savait. Plus rien ne le retiendrait, désormais : il allait remettre de l'ordre dans sa vie, dans son année si mal entamée.

Le professeur avait même une petite idée sur l'identité de Vestnik. Des coïncidences, des faits troublants. Il en parlerait à ses deux étudiants, à l'occasion.

Tandis qu'il déambulait dans Strasbourg, il échafaudait des plans, des tactiques, triait des phrases, des idées pour leur future entrevue. Tout semblait enfin s'organiser, toutes les données du problème rejoignaient leur place sans plus aucune résistance.

Lena et Vilmos avaient intérêt à venir : eux aussi avaient contribué à cette découverte. D'ailleurs, pendant tout le temps où il avait gardé un secret envers la jeune Polonaise, où Vass l'avait boudé, il s'était senti mal à l'aise. Non, il ne pouvait rien leur cacher, à aucun des deux.

Le graffiti disait :

TU VA

Gilles s'arrêta.

Les lettres des précédentes inscriptions n'avaient jamais été aussi grandes, ce qui fait que l'on pouvait en apercevoir quatre d'un coup, dans la rue qui s'ouvrait sur sa gauche. Le graffiteur avait procédé par jeu de piste, comme la fois précédente : il fallait, pour tout lire, entrer dans la rue, les yeux rivés sur les façades et les portes.

Quelque chose hurlait au professeur de ne pas tomber dans le piège.

Il s'engagea sur le nouveau trottoir, cherchant les autres lettres.

Le message se déroula peu à peu...

TU VAS PAYER

Et puis, comme une ponctuation obscène, bien au milieu de la phrase, entre le S et le P, le lieu. La librairie Schaeffer.

Gilles se rappela.

Pourquoi il n'aurait jamais dû chercher à lire le graffiti.

La librairie. La vitrine. Le Souvenir.

Depuis qu'il évoluait entre ses lieux quotidiens, le domicile, la faculté, la bibliothèque, le plus court chemin de Gilles aurait dû emprunter cette rue. Quand il devait traverser le centre-ville, il opérait de savants détours pour éviter de passer justement par là. Au fil des années, il avait placé des alarmes mentales dans tous les environs.

Et cette fois-ci, rendu curieux par le mystère, il avait baissé la garde. Fallait-il qu'il ait l'esprit chamboulé, en ce moment ! Sans y penser, il avait emprunté *la* rue.

Et ce maudit graffiteur lui proclamait, dans toute sa dure bêtise, son message :

TU VAS PAYER

Le jeune homme essaya de faire demi-tour, de ne plus regarder la vitrine, mais ses pieds restaient soudés au trottoir.

Il ne pouvait pas faire demi-tour. Il le souhaitait puissamment mais il ne le pouvait pas.

Il avait treize ans. 1944, la guerre tirait à sa fin. À cet endroit, déjà, se trouvait une librairie. « Sa » librairie. Celle de ses parents.

Comme souvent le soir, après les devoirs, Gilles s'était installé dans la boutique, assis par terre contre un rayonnage. Tourné vers la chiche lumière de la rue. Il lisait un petit roman de gamin.

Il avait oublié le titre. Il avait longtemps essayé de se le rappeler. Le professeur, l'homme adulte, essaya encore une fois, puis renonça, amer : son Souvenir avait retenu d'autres détails ; plus aucune place pour celui-ci.

Il était seul ; le père devait discuter avec un acheteur de raretés, à l'arrière. À l'époque, Gilles s'en moquait, d'être livré à lui-même. Cela lui convenait très bien

Il se souvenait avoir été captivé par son livre. Un récit bien ficelé, oui, parfait pour passionner un garçon de treize ans.

Et subitement, toute la vitrine trembla sur son châssis. Gilles sursauta, releva la tête, quitta le monde imaginaire.

Et –

Le professeur avala difficilement sa salive.

Et cette face tendue vers lui, à un mètre de son visage, de l'autre côté de la paroi de verre. Aplatie, de travers, avec des yeux fous, affolés, ouverts sur lui, mais qui sait ce qu'il regardait, réellement ?

Et le visage glissait lentement au sol, et tout le corps de l'homme.

Et son crâne blessé. La plaie confuse, le sang, les bouts d'os.

Et Gilles découvrait les deux autres, debout de part et d'autre de l'agressé. Dissimulés sous des écharpes. Le manche de pioche que l'un des deux empoignait et dont il fouettait l'air, impatient.

Puis les coups reprirent. Manche en bois, pointes de souliers. Précipités, mal ajustés. L'homme essayait encore d'y échapper. Une fois ou deux, il jeta un regard suppliant à travers la vitrine. À Gilles. À un petit garçon de treize ans, seul ; entouré de ces montagnes de superflu : des livres.

L'homme ne pouvait pas ne pas avoir vu le garçon. Mais qu'est-ce que Gilles aurait pu faire ? se demandait-il une fois de plus. Hormis regarder la scène, s'abreuver à cette source puante, les doigts crispés sur son bouquin, sur son enfance en-allée ?

Les agresseurs grognaient des insultes, mais elles ne passaient pas le vitrage. Ils devaient se dépêcher de sortir toute leur haine par les coups, par les mots. N'importe qui pouvait passer dans cette rue, à tout moment.

Ils étaient sûrs de leur bon droit, d'avoir la justice pour eux. Pas complètement, tout de même : pourquoi, sinon, cette précipitation et ces regards inquiets vers les entrées de la ruelle ?

Ils cédèrent enfin à la trouille. Ils crachèrent encore sur le cadavre puis détalèrent, alarmés peut-être par le bruit du vent ou le trottinement d'un chat.

Ou par un cri d'horreur : celui que Gilles poussait, à pleins poumons.

Cela n'avait pas duré bien longtemps ; combien faut-il de temps pour briser un être humain, d'ailleurs ? Le briser au sens littéral, comme une mécanique, comme un vase ? Selon Gilles, cela parut s'étaler sur toute une heure, toute la journée. D'une certaine manière, la scène, pour lui, ne s'était jamais achevée.

L'ambulance, la police étaient venues. Maman avait nettoyé le trottoir en pleurant. Mais pour Gilles, cet homme mort, battu à mort sur le trottoir de la librairie, n'en était jamais reparti. Les semaines, les mois qui avaient suivi, Gilles perdait les pédales dès qu'il s'approchait de la vitrine ; pour sortir de chez lui le matin, ou dès que le garçon revenait, le soir, dans sa rue, l'homme battu étalait sous ses yeux ses plaies et sa morne face. Et que faire, lorsque c'était la rue où l'on vivait, où vos parents tenaient commerce ?

Puis Gilles était allé habiter chez Tata Jacqueline, puis chez Mamema ; puis ses parents et lui avaient déménagé dans les faubourgs...

Il avait enfin pu décoller ses semelles du trottoir. Placer des mètres, des rues, des carrefours entre lui et... le lieu.

Le professeur marchait d'un pas affolé. Il ne manquait qu'une once de panique pour qu'il se mette à détaler. Il s'enfuyait. Les lettres de l'inscription hurlaient TU VAS PAYER. Mais payer quoi, bon sang !? Il n'avait rien fait ! Il avait treize ans ; eux autres étaient adultes et armés !

Il tentait de se raisonner : le message n'avait rien à voir avec son Souvenir. Le graffiteur parlait d'autre chose, il s'adressait à quelqu'un d'autre. Ce type ne pouvait pas connaître cet épisode, de toute façon. Et la formulation restait générale : beaucoup de monde avait quelque chose à « payer », en cette année 54.

Non, ce texte parlait de lui, c'était évident, indiscutable. Qui d'autre, dans toute la ville, pouvait être visé ? L'accusateur avait choisi la vitrine de la librairie Schaeffer pour centrer son texte... Cela faisait trois fois qu'un graffiti se trouvait sur l'itinéraire de Gilles, son itinéraire quotidien et personnel. Pour qui d'autre cette rue précise était-elle si déplaisante ? Un petit coin de ville sans intérêt et sans histoire...

Cette façon de dénicher les secrets des uns et des autres, cela lui rappelait évidemment Vestnik. Cet épisode de l'enfance de Gilles ne figurait pas sur la fiche d'espionnage, c'est vrai ; mais peut-être que l'agent soviétique avait poursuivi ses recherches ? Peut-être qu'il se *concentrait* sur Schaeffer, à présent ? L'information était cachée mais pas introuvable : Gilles avait confié ce Souvenir à Jocelyne, un peu, au début. À cette pipelette de Joël...

Une demi-heure plus tôt, à peine, Gilles se sentait rassuré, léger. Et maintenant, pour une peut-être coïncidence, tout son calme s'envolait, tout son équilibre intérieur dégringolait. Est-ce que c'était cela, virer paranoïaque ?

Les bruits environnants s'amplifièrent soudain, arrivèrent à sa conscience. Un long miaulement de pneus, un klaxon qui s'époumonait. C'est après lui que la rue en avait : Gilles se trouvait engagé au premier tiers d'un passage piéton.

– Et alors ?

Le troisième automobiliste dans la file avait baissé sa vitre et gigotait par l'ouverture.

– Va donc, eh, graine d'écrasé !

Gilles sentit la honte lui dégouliner du front. Il fit un pas en avant pour finir de traverser ; changea d'idée, voulut rebrousser chemin, comme pour annuler sa bêtise. Alors qu'il faisait du surplace, on le klaxonna de plus belle. Son regard croisa celui du premier conducteur, au volant d'une Delahaye. Lui ne klaxonnait pas, il ne s'agitait pas, mais le fixait froidement.

– Qu'est-ce que vous fichez ? Vous, là, restez pas sur la chaussée, circulez !

Sur le trottoir d'arrivée, un gardien de la paix lui adressait de grands gestes. Le professeur s'ébroua et traversa enfin.

L'agent fit signe aux autos de patienter. Sur un ton plus calme, il s'adressa à Gilles :

– Les voitures voulaient griller le feu rouge ?

Il désigna du menton le signal piéton. Le boîtier lumineux affichait en vert, en majuscules, « passez ».

– Non, non, c'est moi qui étais dans la lune. J'ai traversé au rouge, je crois. Au rouge piéton.

Le gardien de la paix le fixa un peu, sourcil levé, ne voulant pas renoncer à l'occasion :

– Vous êtes sûr ? Je vais prendre les dépositions. C'est l'affaire d'un petit moment.

Est-ce que Gilles était passé au rouge, après tout ? Pas moyen de se rappeler. Il secoua la tête, répéta qu'il était en faute et attendit son verdict. L'agent, excédé, moulina du bâton et envoya tout le monde au diable.

En tête de file, la Delahaye dépassa Gilles, lentement. Le chauffeur, une fois de plus, lui lança un regard de poisson mort.

TU VAS PAYER

22

Désormais, il était habituel qu'un étudiant ou une étudiante s'attarde avec Gilles à la fin de son cours ; le plus souvent un membre de la bande des Vitch, mais parfois aussi un Français : l'implication de ses élèves venus du froid déteignait sur les locaux...

Dans la salle désertée, le professeur interpella Katowicz :

– Au fait, vous avez quelque chose de prévu au mois de mars ?

– En mars ? Ma foi, je ne sais pas encore.

– Avec mon épouse, nous organisons un camp scout dans les Vosges. Jocelyne a le titre de... grand chef, quelque chose comme ça. Nous avons pensé que cela plairait à quelques étudiants de l'Est de venir animer le camp avec nous et nos amis. Passer quelques jours au grand air, tout cela. Je le proposerai aussi à Vass.

Lena réfléchit à peine.

– Oh, ça me fait très envie ! Pourquoi pas ? Mais je ne connais personne...

– Venez déjà au local, si vous avez du temps ; un petit rez-de-chaussée dans Strasbourg, où nous entreposons le matériel. Joce doit s'y trouver en ce moment. Nous prendrons un café et nous parlerons tous les trois du projet.

– Mais... maintenant ?

– Pourquoi pas.

En voiture, ils discutèrent des envies de Lena pour l'avenir. D'après Gilles, l'étudiante pouvait devenir une bonne chercheuse ; elle, de son côté, alignait les objections. Pourtant, cette fille avait des capacités rares. Et puis il y avait l'exemple de Denise Bellegarde : il faudrait bien un jour que l'université ouvre plus grand ses portes aux cerveaux féminins.

Jocelyne n'était pas encore arrivée. Gilles mit du chauffage, lança un café et entreprit de vérifier les tentes. Tout en ouvrant un à un les lourds sacs de toile, en comptant les piquets, il plaisantait avec la fille sur les petits travers de l'université.

Les lieux, volets fermés, badigeonnés d'une peinture d'hôpital, le sol revêtu de linoléum n'offraient aucune espèce d'humanité. L'air sentait le caoutchouc, la vieille sueur, le foin...

Cela ne semblait pas du tout ébranler la jeune Polonaise. Elle rassembla ses cheveux en un chignon grossier, pour avoir les gestes plus libres si elle devait donner un coup de main. Tout en parlant, elle partit examiner les lieux, un mètre carré après l'autre, tel un félin lâché dans un nouvel environnement. Ressemblance accentuée par sa tenue : elle portait un pantalon aux plis coupants et un col roulé de sport, noir, qui révélaient ses formes bien dessinées.

Elle s'arrêta pour détailler un mur couvert de dessins d'enfants. Le professeur observa son profil aux traits fins, puis se lança :

– Bon, tant que nous sommes tout seuls, Katowicz... J'ai rendez-vous pour demain.

– Avec... James Burnham ?

– Absolument !

C'est pour parler de cela, surtout, qu'il avait ménagé ce moment avec son étudiante.

– Depuis deux semaines, je fais le siège de votre secrétariat, au Pourtalès, pour obtenir un rendez-vous. Ils m'ont fait lanterner jusqu'au dernier moment, mais c'est bon !

Lena eut un large sourire et vint lui prendre les mains.

– Parfait, formidable ! Alors le cauchemar de ces fiches va bientôt se terminer ! Vous êtes le meilleur, monsieur Schaeffer ! Le meilleur !

– Naturellement, vous viendrez aussi. Et vous n'oublierez pas d'apporter l'enveloppe...

– Évidemment !

– Très bien. Je... j'espère que nous arriverons à convaincre le personnage. J'ai des doutes sur l'angle d'approche à adopter, marmonna Gilles en scrutant une poignée de sardines piquetées de rouille.

– Ah. Nous devrions en parler tous les trois, vous ne croyez pas ?

– Avec Vass ? Son défaitisme m'emm... bête. Pas vous ?

Lena soupira avant de répondre :

– Nous avons tous, les gens de l'Est, des rapports difficiles avec les représentants de l'Autorité. Mais chez Vilmos, on sent quelque chose de plus... personnel. Il a vécu des choses pénibles, je pense. J'ai essayé d'en savoir plus, de l'emmener sur ce terrain ; de comprendre d'où il vient idéologiquement, dans quel genre de famille il a grandi. J'ai questionné quelques amies qui s'intéressent à lui, mais personne ne sait rien.

– On en serait presque à souhaiter trouver une fiche sur lui signée Vestnik, pour éclairer notre lanterne.

– Vous ne pouvez pas dire une chose pareille, monsieur Schaeffer ! Je crois qu'il faut rester compréhensifs avec Vilmos. Il n'est pas si facile de raconter d'où l'on vient, peut-être spécialement pour notre génération, qui a vécu son enfance en pleine guerre. Cependant, Vilmos Vass est digne de confiance, j'en suis certaine !

– Oui, pardon. Pour tout dire, je voudrais bien faire état d'un soupçon, auprès de Burnham. Si j'en parle à Vass avant, il va monter sur ses grands chevaux. Je dois dire que l'idée paraît un peu gonflée...

– Et moi, je peux encaisser le choc ? rétorqua la jeune fille, débordant d'ironie.

– Je crois... enfin, je pense... que Denise Bellegarde fait partie du réseau.

– Madame le professeur titulaire ? Un agent soviétique ? Mais elle a tout à perdre !

– Justement (Gilles parlait vite, pour empêcher les objections de Lena d'arriver trop tôt), Bellegarde a beaucoup d'avantages, depuis la place qui est la sienne. Peu de monde peut la contraindre. Elle fait ce qu'elle veut de son temps, de sa vie. Autour d'elle, on l'admire ou on la craint, ce qui revient au même.

– Cela ne suffit pas pour en faire un agent secret !

– Attendez ! Elle peut avoir accès, sans encombre, à beaucoup de renseignements sur nous tous. Et puis... on dirait qu'elle a l'œil partout ! Vous vous rappelez qui était là en décembre à la BNU, quand nous avons trouvé les fiches ?

– Denise Bellegarde, oui d'accord. Mais quand nous avons ramené ces mêmes fiches, nous ne l'avons pas vue, il me semble : elle se trouvait à la conférence.

– ... où elle s'est à peine montrée. Et quand nous sommes retournés à la BNU avec Vass, rebelote : qui se trouvait dans la grande salle de lecture, les yeux braqués sur le rayon sumérien ? Bellegarde.

Une expression mauvaise assombrit le visage de Lena :

–Peut-être que vous avez raison, après tout. À vrai dire, je ne l'ai jamais aimée, cette vieille sorcière, cette *stara wiedźma*... La réussite l'a rendue odieuse, je pense. Mais le génie n'excuse pas un caractère de cochon!

Gilles, assis sur un empilement de sacs de couchage, buvait du petit-lait.

–Nous verrons bien ce qu'en pense l'homme de la CIA, mais pour moi l'affaire est claire.

Il se consacra un moment à ce pourquoi il était venu. Lena lui passait les affaires en silence. À chaque fois que Gilles attrapait la petite main de la fille avec la poignée d'un sac, il s'excusait.

Après quelques minutes, il reprit, plein d'embarras:

–Il y a autre chose, Lena.

Elle se redressa, se tourna vers lui, repoussa machinalement ses épais cheveux dans sa nuque. Ils reprirent presque aussitôt leur position naturelle.

–La semaine dernière, j'ai eu une belle frayeur. Un accident de la route, non, un presque accident. J'ai failli me faire faucher à un passage piéton. Pas moyen de me rappeler si j'étais en tort ou pas. Mais l'autre, derrière son volant... quand nous nous sommes frôlés... enfin, si vous l'aviez vu comme moi... J'ai peut-être trop d'imagination, mais...

Lena se porta vers Gilles et lui prit les épaules. Son petit visage grave tourné vers lui, elle répliqua:

–Ce n'est peut-être rien, en effet. Mais au point où nous en sommes, nous ne pouvons pas le négliger. Je vous crois, Gilles; monsieur Schaeffer. Je vous crois, d'accord?

–Alors c'est bien. Cet incident, je le mentionnerai lui aussi à Burnham.

La tension entre Lena et Gilles aurait dû redescendre, après cet aveu. Mais l'électricité continuait à régner dans la pièce, tandis que l'odeur du café bien serré commençait à flotter entre eux.

Gilles se reporta brusquement sur son inventaire. Qu'il y mette plus de sérieux, bon sang : que feraient leurs petits scouts au mois de mars, s'ils partaient camper avec un matériel défaillant ?

– Quoi qu'il en soit je vous admire, monsieur Schaeffer. Après votre accident de la route, vous auriez pu renoncer, abandonner. Je me demande ce qui vous donne tant d'énergie pour continuer.

Gilles prit une brassée de cordes, sans trop savoir qu'en faire.

– Je... je n'en sais rien. Cela m'étonne tout le premier : j'ai... un problème avec la violence.

– Allons, vous ? Je ne connais personne de plus stable, équilibré.

– Je vous en prie, Lena. Quand j'étais gosse, j'ai vu... j'ai assisté à une scène de violence sans rien pouvoir y faire. Et ces derniers temps, avec ce qui se passe dans nos vies, j'ai revécu cette période.

– Dans ce cas, pourquoi n'êtes-vous pas caché tout tremblant sous votre lit ?

– Vestnik me fait peur, bien sûr. Lui et ses amis, qui sont capables d'une telle brutalité... Mais aujourd'hui, il n'y a plus de vitre entre moi et le monde. Je suis adulte. Je veux agir, je veux *faire*. Prendre une revanche, peut-être... rétablir ce qui aurait dû être.

Gilles reprit son souffle et poursuivit :

– Il faut arrêter les Vestnik, les Yegoza ; je ne veux plus d'autre personne battue à mort. C'est cela que j'espère. Rien d'autre.

– Très bien, monsieur. D'accord. Je pense que je peux le comprendre. Moi aussi, je veux arrêter ces espions. Je ne supporte pas l'idée que ma vie personnelle soit volée et exposée sur des fiches. Vous savez, ma poésie...

Elle s'adossa à un établi, bras croisés, et lui lança un regard de défi.

– Ma poésie, je l'assume totalement. C'est une partie de moi qui compte beaucoup. Le désir, le sexe nourrissent mon équilibre. Mais... tout ceci est à moi ! À moi seule ! Ce que ce salopard d'espion m'a fait, c'est comme s'il avait volé tout ce qui m'est précieux, comme s'il le montrait à tous en disant « regardez, cela ne vaut rien » !

Ce fut au tour de Gilles de la prendre par les épaules, de l'apaiser ; encore tout embarrassé par le discours sans honte de la jeune fille. Et alors que, face au jeune homme plein de douceur, son agacement redescendait, elle s'écria :

– Ah zut ! le café !

Toute la pièce sentait à présent le café brûlé. Elle se précipita pour couper la machine : une galette noirâtre finissait de se racornir au fond de la cafetière.

La Polonaise s'occupa de la nettoyer au petit lavabo et de refaire du café. Ils ne disaient plus rien. À présent, il faisait étouffant dans le petit local. Gilles remuait sottement le matériel, uniquement concentré à retenir le tremblement de ses mains.

La seconde fois, Lena éteignit la cafetière à temps. Elle apporta un mazagran à Gilles. Le breuvage était bien plus noir que celui qu'on avait l'habitude de préparer dans la région.

Il lui prit la tasse des mains, la remercia. Ils se regardèrent encore. Œil noir et café noir et vêtement noir. Elle se haussa sur ses orteils pour rapprocher leurs visages. Elle allait dire quelque chose.

On entendit du bruit dans la serrure. Jocelyne arrivait enfin.

Le professeur sursauta, prit du champ avec Lena. Quand son épouse entra dans le local, elle découvrit le jeune homme affairé sur ses sacs de toile, et l'étudiante, oisive, bras croisés, qui observait la nouvelle venue. Son petit minois dégageait une intense curiosité.

– Qu'est-ce qui se passe ici ? questionna Joce.

Gilles expliqua rapidement la situation : l'invitation à participer au camp, « nous en étions convenus, tu te rappelles ? », la visite du local...

Jocelyne respira avec humeur, fixa Lena au fond des yeux :

– Je ne pensais pas tout à fait à cela. Tu n'arrêtes pas de parler de la « bande des Vitch » et tu n'invites que celle-là ?

– Mais pas du tout ! Je compte bien inviter tout le monde, petit à petit ! Aujourd'hui, Katowicz était la seule disponible. Elle a même déjà commencé à m'aider.

Les deux femmes se jaugèrent un moment. La jeune Polonaise fit doucement :

– Monsieur Schaeffer, je vais vous laisser. Je vous remercie pour l'invitation ; je vais réfléchir avant d'accepter, pour le mois de mars...

– De toute façon, enchaîna Joce, nous n'avons pas non plus besoin de vingt-cinq accompagnants. Nous devrons faire des choix, des arbitrages. Nous verrons avec Gilles qui d'entre vous nous pourrons emmener.

Lena approuva de la tête :

– Je comprends bien, madame.

Au moment de sortir, elle se retourna encore et remercia courtoisement pour le café.

23

James Burnham ne s'était pas moqué d'eux. Quand Gilles et les deux résidents se présentèrent à l'accueil du château, on ne les envoya pas dans les baraques en bois, ni dans le petit salon de musique, mais dans un beau et vaste bureau, bien meublé, avec une longue table de travail.

L'Américain, la quarantaine bien entamée, gardait le silence en les laissant s'installer. Petites lunettes rondes qui lançaient des reflets tous azimuts, son regard était introuvable. Sa bouche, en revanche, son quart de sourire qui flottait à la lisière des lèvres, trahissait une posture dubitative.

– J'avoue que je n'ai pas bien compris à quel titre je dois vous rencontrer. Vous êtes professeur à l'Université, monsieur Schaeffer, c'est bien cela ? Et vos... accompagnants ?

– Lena Katowicz et Vilmos Vass sont mes étudiants, cher monsieur. Des boursiers de votre fondation, qui ont choisi un cursus de littérature.

– Fort bien, fort bien. Mais alors, c'est pour vous plaindre d'eux que vous les avez amenés ? Ce n'est pas très, comment dites-vous, dans la procédure ?

Il fallut une fraction de seconde à Gilles pour comprendre que le directeur plaisantait.

– Ma foi non, je n'ai aucune raison de me plaindre de ces élèves, bien au contraire ! Nous avons fait une découverte tous les trois et nous avons pensé qu'elle vous intéresserait...

Gilles fit signe à Lena, qui déposa l'enveloppe sur la table.

– Alors... reprit Burnham tandis que Gilles en exhumait la liasse de fiches, que m'apportez-vous là ? Quelque chose me dit que cela ne concerne pas les relations pédagogiques entre nos deux grands pays...

–En effet. Cela concernerait plutôt nos... institutions de l'ombre. La CIA, notamment. Nous nous sommes laissés dire que vous avez de bons contacts...

Burnham arrêta Gilles de la main. Ses lunettes lancèrent des reflets dans les coins discrets de la pièce, sans qu'on puisse deviner s'il ne jouait pas un peu la comédie.

–La CIA ? Comme vous y allez. La structure du Collège de l'Europe Libre est tout à fait transparente. Il est vrai que j'ai travaillé, ponctuellement, pour l'OSS pendant la guerre. Mais vous me prêtez un pouvoir que je n'ai pas.

–Quoi qu'il en soit, le collège ne peut qu'intéresser les agents soviétiques, vous ne pensez pas ?

–Ma foi... Ici s'écrit peut-être l'avenir de l'Europe, c'est vrai. Un avenir possible, en tout cas. Des futurs cadres des pays de l'Est, réunis tous ensemble, des esprits encore vierges et malléables... Tous amoureux de la liberté...

À cause des reflets des lunettes, il était difficile de suivre son regard. Par moments, Burnham paraissait un peu ahuri ; le reste du temps, le même homme semblait infiniment attentif. Son attention, par petites touches, les effleurait tous les trois, Vilmos très mal à l'aise, Lena un brin effrontée, et lui-même, Gilles. Le jeune enseignant avait presque l'impression que le type perçait leurs pensées les plus enfouies, les liens les plus inconscients du trio ; qu'il les comprenait, sans efforts, mieux qu'eux-mêmes...

–Nous sommes d'accord sur les bases, coupa Gilles pour dissiper le flottement. (Il poussa la liasse vers Burnham.) Alors lisez.

Le directeur Burnham cueillit une fiche, la parcourut des yeux sans paraître arrêté par le cyrillique. Il la reposa à l'envers, à côté du paquet, prit la suivante ; répéta le manège jusqu'à la dernière feuille, jusqu'à ce que toutes se retrouvent à l'envers, en vrac sur le bureau.

–Nous sommes tombés dessus dans une cache à la Bibliothèque nationale et universitaire, précisa Gilles, voyant qu'il avait fini. Une boîte aux lettres d'espions.

–Évidemment, fit Burnham avec sa moue distante, cela pourrait passer pour des documents authentiques. Mais tout ceci est un peu maigre.

Il n'eut aucun commentaire envers Lena et ses activités littéraires. Peut-être qu'elle avait bel et bien supprimé sa propre fiche, après tout. Vass et Gilles n'avaient pas pris le temps de vérifier.

James Burnham tourna ses reflets de lunettes vers les deux étudiants :

–Je crois que l'on aime bien se taquiner entre élèves, au Pourtalès, n'est-ce pas ?

–Mais nous pensons qu'il s'agit de quelque chose de très sérieux ! insista Gilles. Quand les étudiants se font une farce, il faut qu'elle soit vite préparée et vite exécutée. Ceci est trop sérieux, trop malaisant...

–Alors qui d'autre ? Lança Burnham entre deux éclairs lunetiers. Qui pourrait être l'auteur de ceci ?

Gilles prit une respiration et, après un coup d'œil à Lena, se lança :

–Quelqu'un qui a un poste haut placé, une grande liberté de mouvement, de pensée ; quelqu'un que l'on a plusieurs fois croisé dès qu'il s'agissait de ces fiches. Quelqu'un dont l'assistant est mort en septembre, dans des circonstances criminelles. Je parle de Denise Bellegarde.

Vass le dévisageait, absolument incrédule. Lena, repliée derrière sa chevelure, faisait une mine dubitative. C'est vrai, admit Gilles, que tout cela était trop vite dit, vite déballé.

Burnham se racla la gorge :

–... Nous sommes bien d'accord que vous parlez de votre supérieure, n'est-ce pas ?

–Celle-là même.

–Celle qui devait prendre en charge, pour la littérature, nos vingt-trois étudiants et qui vous les a... refilés ? C'est bien comme cela que l'on dit ?

Gilles déglutit. Il savait qu'il avait servi de dindon de la farce, dans cette histoire, mais ce n'était jamais agréable de se le faire rappeler.

–Donc, vous reconnaissez que vos liens avec cette personne ne sont pas complètement... neutres ?

–Évidemment ! (Gilles chercha de l'approbation chez Lena) Elle tient tout le monde au creux de sa main, elle a un caractère de bouledogue. Cela n'enlève rien à nos soupçons !

James Burnham secouait lentement la tête :

–Une professeur titulaire de l'université de Strasbourg... Je ne sais pas, monsieur Schaeffer. En réalité, tout ce dossier me paraît douteux.

–Douteux ? Et que dites-vous de cela : la semaine dernière, je me déplaçais dans Strasbourg à pied quand j'ai failli me faire renverser à un feu rouge. La personne au volant m'a regardé d'un air absolument malveillant. Juste avant, je venais de lire sur les murs, dans un endroit de la ville qui... qui a beaucoup d'importance pour moi, un graffiti : TU VAS PAYER. Une semaine plus tôt, nous venions d'effectuer, avec Vass, l'escamotage de la deuxième enveloppe.

Vilmos n'y tint plus et renchérit, le ton rogue :

–Pourquoi n'en avoir pas parlé, monsieur Schaeffer ? Avant cette entrevue ? Parce que si je résume, vous avez *cru* être visé dans un simple incident de la route, après quoi l'homme qui conduisait vous a *paru* malveillant ?

– Ai-je dit qu'il s'agissait d'un homme, Vass ? Et puis bon sang, de quel côté êtes-vous ?

C'est vrai, qu'est-ce qu'il lui prenait, à celui-là ? Gilles pouvait supporter le manque d'entrain permanent de Vass pour avancer, pour résoudre leur problème d'espion ; mais pourquoi venait-il leur savonner la planche face à Burnham, dans un moment aussi crucial ?

Vilmos haussa les épaules :

– Ou alors, d'une mère de famille avec des triplés sur la banquette arrière ! Je lis peut-être trop de romans d'espionnage, mais alors vous, vous tenez le pompon ! Aujourd'hui, nous étions simplement censés remettre nos découvertes à ce monsieur Burnham ; pas nous déconsidérer avec des hypothèses gratuites.

Gilles regarda les autres, perdu :

– Mais ce type-là me voulait du mal, cela se lisait sur son visage !

– Monsieur Schaeffer, reprit Burnham, votre jeune étudiant n'a pas tort. Combien de fois traverse-t-on la rue chaque jour ? Et combien de fois croise-t-on, au volant, des gens qui font la tête ? Comme s'ils se rendaient droit à l'abattoir ? Méfiez-vous de vos impressions.

– ... Des graffitis, des gens qui passent en voiture, reprit Vilmos, ce n'est rien du tout, enfin. C'est digne d'un mauvais film !

– Ta gueule, Vilmos, fit Lena entre ses dents, juste assez fort pour que son camarade l'entende.

Gilles fixa le Hongrois bien en face :

– Vass, si vous ne pouvez pas vous en empêcher, allez nous attendre dehors. Le directeur Burnham n'a pas envie d'assister à cela.

– De toute façon, nous avons évoqué l'essentiel, je pense, intervint l'Américain en tapotant les fiches du doigt.

Il soupira.

–Très bien. Je vais transmettre. Je rapporterai aussi vos hypothèses, monsieur Schaeffer, avec les précautions voulues. L'Agence souhaitera peut-être enquêter. Mais évidemment, je n'ai aucun pouvoir sur cela.

–Vous pensez... vous pensez qu'il y a des chances pour que cela s'arrête ? fit Lena. Quand vos amis vont-ils intervenir ?

–Mademoiselle... Depuis dix ans, vous le savez bien, ces « amis » ont fort à faire avec les Soviétiques. Ce que vous m'apportez ici, c'est ce que l'on pourrait appeler un dossier « de basse intensité ».

Gilles eut un geste excédé :

–Comment peut-on dire ça ? Un collègue professeur est mort, il y a deux mois. Mort, battu à mort ! Un règlement de comptes entre espions, le préfet de police lui-même l'a dit ! On tue pour le renseignement, ici, à Strasbourg. Que vous faut-il de plus ?

–Bien sûr, c'est dramatique. Mais vous croyez que les intérêts de l'Occident, ici, dans la région, ne portent que sur le Collège de l'Europe Libre ? Que dire des prospections d'uranium, par exemple ? La surveillance des frontières ? Vous voulez que l'on mette toutes nos forces sur un... collectionneur de ragots étudiants ?

Gilles prit l'expression de plein fouet, et il fit de son mieux pour rester digne. Des ragots étudiants ! Il jeta un regard à Lena. On pouvait lire chez elle la même détresse, la même impuissance.

–Vous ironisez, monsieur Burnham, mais nous n'avons pas besoin de cela, fit Gilles d'une voix douce.

–Pardon...

Le directeur dut sentir qu'il avait frappé trop fort. Il retira ses lunettes et, tout en les essuyant, questionna :

– Je vais le présenter autrement. D'après vous, combien y a-t-il de Vestnik ?

– Vu l'espacement des envois, le nombre de fiches... (Gilles réfléchissait tout haut.) Je dirais qu'il est seul. Seul avec sa mission de fichage. Pour tout dire, nous n'avons jamais envisagé qu'ils soient plusieurs.

– Et c'est ce qu'il me semble aussi. Encore une fois, si tout ceci n'est pas un canular, si l'opération existe vraiment, elle exige peu de personnel. Vestnik agit seul. Yegoza pilote sûrement d'autres agents, ayant d'autres missions ; une équipe de « gros bras », peut-être aussi, chargés d'effrayer les rêveurs qui traversent au feu vert... Mais Vestnik est tout seul. Eh bien je pense que mes amis... les amis que vous me prêtez... feront le même raisonnement : cette affaire de fichage est secondaire pour les Rouges, elle le sera pour nous.

Burnham chaussa à nouveau ses lunettes.

– Nous n'allons pas demeurer sans rien faire, bien sûr. Ce que vous m'apportez possède une valeur certaine, et nous en sommes reconnaissants. Mais nous n'allons pas déclencher la Troisième pour autant.

Personne ne répondit : les membres du trio échangeaient des regards consternés.

– Mes amis, soupira-t-il, je prendrais volontiers plus de temps pour m'intéresser à l'affaire, mais vous savez ce que c'est, *the duty calls*... Donnez-moi vos coordonnées directes. Je verrai avec mes contacts ce que je peux faire. En attendant, ne faites plus rien de compromettant. Ne faites plus rien du tout, d'accord ? Plus de questions, plus de visites à la bibliothèque.

– Combien de temps cela peut-il prendre ? insista Vilmos. Pour obtenir une réaction, quelle qu'elle soit ?

Burnham, qui s'était à moitié levé, dévisagea le Magicien de toute sa hauteur :

– À présent, le *timing* ne vous appartient plus, jeune homme. Nous savons prendre notre temps, et nous savons frapper comme la foudre.

Et comme pour appuyer ces consignes, les lunettes de Burnham leur lancèrent un ultime éclair.

24

10 janvier 1954
de : Yegoza
à : Vestnik
(décrypté et traduit du russe)

Votre maudite idée de merde n'a eu que des effets négatifs ! Maintenant, les Américains sont en éveil ! Les « autorités d'accueil » le seront sans doute bientôt elles aussi.

Interrompez immédiatement toute activité de faux dépôt de fiches. Interrompez immédiatement le dépôt des vraies fiches ; la filière d'extraction est annulée jusqu'à nouvel ordre, ainsi que votre propre canal de communication avec moi.

Des instructions suivront pour une nouvelle procédure. Les fiches restantes seront extradées en une seule fois avec vous-même, à la fin de l'opération Chtch.

La date de clôture reste inchangée : première semaine de juin. Je vous rappelle que Chtch doit être terminé avec la fin de l'année universitaire. D'ici là, je compte sur vous pour préserver votre travail effectué et à venir. Faites-vous discret, ne faites plus rien qui pourrait remettre des soupçons chez ces civils qui vous recherchent.

Il n'y aura plus d'erreurs d'appréciation de votre part, Vestnik ; *eto sovsem yasno ?* Est-ce bien clair ?

25

Le soir tombait sur les chaumes. La lumière orangée du mois de mars donnait à toute chose des allures de trésor. De petits insectes, trop vifs pour qu'on les voie, allaient et venaient dans les buissons. Trop multiples, trop minuscules, Gilles en était persuadé, pour qu'un entomologiste ait pris la peine, un jour, de les nommer.

Ce n'était que la mi-mars, mais la saison se révélait très clémente. La nature s'éveillait, partout. Joce avait pris un risque, en organisant ce camp, mais elle avait bien fait.

Gilles, à dire vrai, détestait la randonnée, il abhorrait le camping. Et pourtant, en ce moment précis, en ce jour finissant sur ce sommet pelé, où tout semblait glisser vers le surnaturel, il se régalait de l'environnement.

Semaines et mois avaient passé ; plus de mouvement de Vestnik. Toutefois, les graffitis se multipliaient autour de Gilles. TU VAS PAYER. Le dernier texte revenait en boucle dans les itinéraires de son quotidien. Il faisait de son mieux pour regarder ses orteils, prendre des rues inhabituelles, mais ses déplacements en devenaient compliqués. Il n'en pouvait plus, et pour cela aussi, le séjour au Champ du Feu lui apportait une respiration bienvenue.

Ils n'entendaient plus parler de Burnham. Après le déroulement catastrophique de leur entretien, c'était assez prévisible. Mais les choses ne pouvaient pas se terminer ainsi ! Avec une poignée de main et un gentil sourire ! James Burnham détenait leur foutu dossier d'espionnage, celui pour lequel Gilles, Vilmos et Lena avaient pris un paquet de risques !

Le Hongrois, toujours aussi frileux, répétait que ça allait venir, que la CIA est une grosse machine... Lena avait, sans aucun doute, détruit sa propre fiche. Le reste semblait bien peu la concerner ; elle allait dans le sens de Vass.

Face à tant de passivité, Gilles ne pouvait qu'ironiser : « Oui, oui, Burnham s'occupe de tout... » Il voyait bien qu'il exaspérait les deux autres.

– Alors, vous vous en sortez avec le feu ?

Joce déambulait entre les tentes, interpellait tel ou tel jeune, vérifiait que tout était bien tendu, bien planté pour la nuit. Elle donnait un coup de main aux plus empotés, envoyait aux corvées. La cheftaine parfaite.

Pour qui la croisait dans les mondanités strasbourgeoises, robe de soirée et coiffure du jour, sa tenue de cheffe scoute aurait paru un déguisement. Jocelyne Schaeffer, les mollets nus dans ses gros godillots, respirant la santé et houspillant les chouineurs... Pour Gilles, qui la suivait depuis longtemps dans ces expéditions, cet aspect de sa femme semblait tout aussi naturel que l'autre ; peut-être même bien plus.

Ils étaient venus à six tentes, soit une vingtaine de jeunes, sept accompagnateurs et un chien, un berger briard qui poursuivait des lapins imaginaires et qui perdait ses poils aux quatre vents.

– Gilles, tu peux aller chercher les grands dans la forêt ? Ils en mettent du temps, pour trouver du bois mort...

Accompagné du chien, Gilles dévala l'herbe rase en direction des arbres. Ce genre d'anicroche, un groupe qui ne faisait pas sa corvée, demeurait rare dans les camps de Jocelyne. La cheftaine choisissait bien son équipe. Cette fois, elle avait pris un colonel en retraite (l'homme au chien de chasse), un avocat débutant, qui profitait d'un peu de temps libre avant que son affaire décolle, et deux étudiants de la bande des Vitch ; des étudiants qu'elle avait triés sur le volet : Vilmos Vass et un autre, un Roumain.

Ils s'étaient avérés d'excellents campeurs : ces jeunes gars étaient passés par toutes les organisations de pionniers, dans leurs pays d'origine, et ils savaient construire un four, monter une tente comme personne.

Vass, Gilles le trouvait même inquiétant. Plus scout qu'un scout : il ne plaisantait pas avec le rangement des tentes, le salut du matin. Il semblait oublier, parfois, qu'il s'agissait de vacances, de loisirs.

Le chien ne mit pas beaucoup de temps à repérer les tire-au-flanc. Gilles les surprit dans un bosquet, assis en cercle autour d'un magazine déconseillé à la jeunesse...

Il n'émit aucun commentaire. Il confisqua le magazine et ramena les garçons jusqu'au camp, tout dociles, tout mignons, chargés de leurs quelques branches sèches. Il ne tenait qu'à lui de provoquer un incident diplomatique. Il les laissa mariner quelques minutes, puis les laissa vaquer.

Alors que la nuit montait à l'Est, la troupe entra doucement dans la veillée. Après les raviolis tièdes, on distribua des pommes, des noix. Les jeunes campeurs jetaient, rêveurs, les coquilles dans le feu. L'étudiant roumain sortit une guitare, leur enseigna quelques refrains dans sa langue ; pas très écoutables, peut-être, mais personne ne les comprenait...

Jocelyne raconta une blague, navrante. Puis tout le monde s'y mit. Chacun y alla de sa petite histoire sur les filles, les garçons, l'école, les vieux, les jeunes... On était entre copains, on pouvait se permettre quelques provocations.

Joce essaya de faire participer Gilles, de le mettre en avant face aux autres adultes. Il se lança dans une comparaison alambiquée entre Robert Mallet et Sabatier. Il établit en quelques phrases un programme de lecture, depuis les œuvres les plus urgentes jusqu'aux plus dispensables. Il ne vit pas qu'il devenait rasoir, qu'il n'avait pas, en face de lui, des étudiants contraints par le système. Au moment où il perdait même Vilmos Vass, le chien poilu vint lui renifler l'entrecuisses.

Encore ? Cela allait recommencer comme avec le clébard de Hering !

Gilles sentir une bouffée de colère l'emporter :

– Ah non ! Va donc au diable, bougre de saleté d'animal !

Il empoigna la bête à pleines touffes et la balança loin de lui, entre les canadiennes, dans la pénombre.

Tout l'auditoire était choqué : les jeunes scouts, le colonel, l'avocat, le Roumain, Vass, Joce...

L'animal, l'air soumis, se rapprocha du feu en rampant. Le jeune homme, au comble de l'agacement, se leva et l'arrêta sur place en le pointant du doigt :

– Stop ! Toi, tu restes là !

Puis il planta tout le monde et se retira dans sa tente.

Après la veillée, Joce fit un dernier tour pour dire bonne nuit et distribuer des bisous, puis gagna à son tour la « tente Schaeffer ».

Gilles ne dormait pas. Il n'arrivait pas à chasser sa colère. Alors qu'elle s'allongeait à ses côtés, il essaya de s'enfoncer dans son propre sac de couchage, de faire semblant de dormir. Mais Jocelyne le connaissait mieux que cela...

– Qu'est-ce que tu nous as fait, Gilles ?

– C'est la faute du chien ! Vous ne l'avez pas vu, évidemment : il n'arrêtait pas de me harceler !

Joce garda le silence.

– ... Les enfants, les chansons, les moustiques, je veux bien tout supporter, Jocelyne. Mais un chien qui me renifle les cou... un chien pot-de-colle, non, je ne peux pas !

Sa femme prit le temps de choisir ses mots :

—Est-ce que tu te rends compte... Est-ce que tu te rends compte que ce colonel Verdier est quelqu'un d'important ? On parle de lui pour un poste au conseil scientifique de la fac. Tu penses que malmener son chien était le bon coup à jouer... ?

Gilles remua dans son sac de couchage.

—Et comment j'aurais su tout cela ? Tu ne pouvais pas me prévenir ?

—Je ne te préviens pas de ces choses-là afin que tu gardes ton naturel, Gilles. Nous avons déjà vu ce qui se passe quand je te fais un briefing. Mais avoue que ce soir, tu as fait fort !

Il n'avait rien à répondre. Il écouta la nuit, avec elle. Des ricanements dans la tente voisine : les gosses avaient du mal à s'endormir, se racontaient sans doute une petite idiotie. En contrebas dans la forêt, un fracas de branches brisées. Un sanglier, sans doute.

—Gilles, glissa Jocelyne dans un soupir, je fais beaucoup d'efforts pour toi, tu sais ?

Il ne dit rien ; il le savait. Joce était une chic fille, il le constatait chaque jour ; mais lui-même, face à elle, quelle sorte de type il était ?

—Quand je t'ai tellement attendu avec Joël, ce soir de décembre... quand tu as bu avec tes étudiants... as-tu été vu en public ? Crois-tu que dans ta situation, avec ta carrière encore fragile, ce serait... approprié ?

Comment Vestnik avait-il formulé cela, déjà ? « La chose de votre femme » ; ainsi ses étudiants avaient traduit les mots de sa fiche. Ce jugement sur lui, Gilles le gardait loin de sa conscience, à la lisière, mais il ne pouvait pas l'oublier. « La chose de votre femme ». Depuis le premier jour du camp, cela revenait hanter Gilles, lui donnait des brusqueries, des envies de tout envoyer paître. Et c'est le pauvre toutou du colonel qui avait subi sa révolte.

– Ce n'était qu'une sortie avec les étudiants, Joce... Un professeur assistant peut encore se le permettre, non ? Nous n'avons pas bu tant que cela. Nous n'avions qu'une toute petite flasque. Le partage a été vite fait. Et cela s'est passé dans les rues tranquilles, à la nuit noire. Il n'y avait que nous trois, Vilmos, Lena et moi. Katowicz. Et Vilmos Vass.

Il gigota encore dans le poisseux sac de nylon.

– Cette gamine te déplaît, Joce, je l'ai bien vu. Mais tu lui donnes trop d'importance. C'est une petite étudiante. D'accord, elle joue un peu les starlettes de la classe. Mais elle ne vaut pas que tu te mettes en rogne contre elle ; ni contre moi.

Les mots de Gilles moururent sur ses lèvres. Cette conversation devait servir à dissiper leur malaise, pas à l'alimenter.

Comme Joce demeurait silencieuse, il poursuivit, très vite :

– Est-ce qu'elle est si cruciale, ma carrière, mon image publique... ? Je veux dire, l'important, c'est nous deux, n'est-ce pas ? C'est le fait d'être bien ensemble, d'enchanter notre jardin personnel, non ?

Il sortit un bras de sa combinaison d'asticot, toucha Jocelyne à l'aveuglette. Son épaule était fraîche comme la nuit ambiante.

Il répéta sa question et reçut un oui endormi, marmonné.

Est-ce qu'il y croyait lui-même ? Qu'est-ce que Jocelyne représentait pour lui ? Qu'est-ce qu'elle avait représenté ? Il avait eu le bonheur de l'épouser, c'est vrai. Elle l'avait immédiatement épaulé, apprécié, conseillé. Et lui ? Que lui apportait-t-il ? De la stimulation intellectuelle, peut-être ? Le permanent voyage de l'esprit ?

Gilles ricana tout seul dans le noir. Dans tout ceci, qu'est-ce qui relevait de l'amour ? Est-ce qu'il connaissait, avec

Joce, cet état dont nous parlent les romans à longueur de chapitres ? Lui qui avait tant lu, entre autres choses, sur l'amour, est-ce qu'il en éprouvait pour sa femme ?

Est-ce qu'il avait déjà vécu cet état où l'on frétille de mille reflets d'argent en attendant de « la » retrouver ? Où l'on voudrait lui montrer le meilleur, l'écume de soi-même, où l'on craint en même temps que cela ne vaille rien ? Où des jours, des semaines à l'avance, on se réjouit d'un temps à partager, d'une découverte à lui offrir, ou à recevoir d'elle ? Cet état où l'on voudrait la suivre où qu'elle aille, qu'elle ait tort ou raison, où l'on pourrait marcher dehors, à sa cadence, des nuits entières ? Où l'on savoure comme une friandise ce bout de visage, ce regard entrevu dans les coulisses de la chevelure ? Ou l'on pourrait grimper pour elle à la plus haute tour, pour le prix d'un baiser, pas même d'un baiser, pour une main serrée, pour une simple embrassade...

Gilles arrêta sa pensée, glacé. Et ce n'était pas l'air de la nuit, au Champ du Feu, qui lui gelait les os.

Il ne fallait plus penser à Lena, pas de cette façon.

Mais bon sang de bon sang, cela lui faisait un bien fou.

26

Au Ivy Mike, les deux garçons occupaient la table la plus discrète. Encore plus reculée, rencoignée, que celle où les ivrognes se réfugiaient pour faire durer leur petit rouge.

Gilles n'était pas mécontent de se trouver à l'écart : Vilmos lui décrivait une fois de plus ses plans d'avenir ; il valait mieux que seul un esprit indulgent l'entende...

—La guerre froide ne durera pas. Les Américains sont trop avancés. Les Soviétiques n'arriveront pas à développer une bombe digne de ce nom. De tous les « pays frères », les gens s'enfuient. Les jeunes gens compétents. Notre Collège est encore bien modeste, mais il ne cessera pas de se développer.

– Alors il faudra construire un deuxième château à côté du premier ?

– Mais non ! Parce que les dirigeants d'URSS ne sont pas stupides non plus : quand ils verront que leur politique fait fuir tout le monde, ils renonceront à l'impérialisme. Dans quatre ou cinq ans, allez, disons en 1965, les Russes lèveront le contrôle des pays satellites et se replieront derrière leurs frontières. C'est ainsi qu'elle sera gagnée, la guerre froide.

– Et c'est là que Vilmos Vass intervient ? fit Gilles, taquin.

– Exactement ! Ici, j'aurai eu le temps de me lier avec toutes sortes de Français, d'apprendre la culture, les coutumes, les modes de pensée... Je pourrais devenir une sorte de conseiller aux affaires françaises, au sein de notre ministère des affaires étrangères. Ensuite, comme les rapports avec l'Occident deviendront de plus en plus étroits, je passerai sans doute chef de service, directeur...

– Puis ministre ?

– Là, vous allez un peu vite, mais oui : tout cela conduit au poste de ministre, évidemment.

– Vous pourriez peut-être viser plus haut ? Ces liens des pays de l'Est et de l'Occident devenant de plus en plus serrés, un ministre des affaires étrangères aura tout à fait le potentiel pour devenir chef de l'État...

Vilmos ne pouvait pas ne pas remarquer l'ironie. Il se tut, fixa longuement le professeur et grogna :

– Bah, pourquoi perdre mon temps à vous expliquer ? Vous verrez bien, voilà tout.

– Une seule question, ajouta Gilles : votre carrière de ministre vient-elle avant ou après celle d'ingénieur géologue ? Et patron de presse, vous le glissez entre les deux, ou encore après ? Et écrivain ? Et dresseur de tigre ?

Vilmos grogna, les yeux au ciel :

– Je n'ai jamais parlé de dresseur de tigre ! Et pour le reste...

– Et pour le reste, nous attendrons encore longtemps. Aussi longtemps que le temps pour James Burnham de revenir vers nous.

– Bon sang de bon sang, vous êtes donc toujours bloqué là-dessus ?!

Vilmos commençait à monter dans les tours.

– Nous en avons déjà parlé cent fois, monsieur Schaeffer ! Il faut être patient. Il faut avoir confiance. Les amis de Burnham vont se mettre en action. Si vous n'aviez pas évoqué, le jour du rendez-vous, les graffitis et votre soi-disant attentat de la route...

– Si vous ne m'aviez pas débiné alors que j'exposais ces faits graves ! rétorqua Gilles, qui prenait la mouche lui aussi.

– ... Encore votre vieille dispute, les garçons ?

Lena, essoufflée, venait de les rejoindre. Elle posa son milk-shake sur la table, les embrassa tour à tour ; « deux chacun », à la française ; pourtant, cela ne suffit pas à désamorcer le débat.

– Il faut attendre, je vous dis ! Si nous bougeons, nous risquons de mettre une opération en danger. C'est bien ce que Burnham a dit !

– Non, Vass, cela suffit, répliqua Gilles, obstiné. Les graffitis, les inscriptions murales continuent d'apparaître, partout où je vais. Presque chaque jour je reçois une menace personnelle. En lettres bâton d'un mètre de hauteur.

Vilmos secoua la tête :

– Cela me paraît toujours aussi faible. Nous avons pris beaucoup de précautions, vous vous rappelez ? Si Vestnik, excusez-moi, monsieur Schaeffer, mais si Vestnik avait identifié l'un d'entre nous, vous ne pensez pas que nous serions déjà six pieds sous terre ? Vous ne croyez pas qu'il aurait tenté quelque chose d'un peu plus définitif que d'écrire des messages sur les murs ?

– Vous ne devez pas supporter ces menaces, Vass. Moi, si. Je les supporte depuis la fin d'année dernière. Maintenant, j'ai pris ma décision. Je vais agir, avec ou sans vous.

– C'est la pire décision possible, monsieur ! Dites-vous bien que...

– ... Tu sais, Vilmos, il n'a peut-être pas tort.

La Polonaise but son lait-fraise jusqu'à la dernière goutte puis reposa le verre d'un geste déterminé.

– Je n'ai pas osé vous en parler plus tôt, mais... j'ai découvert quelque chose. J'ai fait quelques recherches dans la section « Histoire politique » de la BNU. Cette bibliothèque s'avère pleine de trésors, quand on se donne la peine de creuser.

Lena feuilletait un calepin, à la recherche d'une page annotée.

– Je vous préviens, c'est assez indigeste. Monsieur le professeur me pardonnera (elle adressa un clin d'œil à Gilles, derrière sa chevelure) de vous infliger une prose aussi matérialiste. Ah, voilà...

Elle lut, avec un ton terriblement solennel :

La composition de classe du parti doit correspondre à son programme de classe. La section américaine de la IVe Internationale deviendra prolétarienne ou cessera tout simplement d'exister.

Camarade Burnham ! Si nous pouvons arriver à un accord avec vous sur la base de ces principes, nous élaborerons sans peine une politique correcte vis-à-vis de la Pologne, de la Finlande et même de l'Inde.

– C'est une blague ? fit Vilmos à mi-voix.

–Qui... Qui a écrit cela ? demanda Gilles.

–Qui ? Lev Davidovitch Bronstein, dit Trotski. L'extrait provient d'un recueil d'articles, *Défense du marxisme*, publié peu de temps avant la mort du saint homme. Évidemment, l'exemplaire de la BNU était perdu au fond d'une étagère ; encore mieux caché qu'une enveloppe d'espion...

Tandis qu'elle parlait, les deux autres osaient à peine se regarder. James Burnham, leur James Burnham, avait entretenu des liens... Non, Burnham avait été cul-et-chemise avec Trotski, le grand révolutionnaire en exil ! Ils avaient eu des controverses ! D'égal à égal : le Russe lui donnait même du « camarade » !

–Depuis quand ? questionna doucement Gilles. Depuis quand savez-vous cela, Katowicz ?

–Trois jours. Moi aussi, j'ai commencé à avoir des doutes sur Burnham.

Lena marqua une pause puis chuchota, rêveuse :

–Même les paranoïaques ont des ennemis... vieux proverbe soviétique.

Le silence plana sur la table. Les deux jeunes gens encaissaient la révélation. Ce fut Vass qui parla le premier. Chaque mot semblait lui arracher la langue :

–Monsieur Schaeffer, je crois que nous avons commis une erreur... envers vous. Je crois que vous aviez... raison.

–C'est un fait, reprit Lena, pragmatique : on ne peut plus accorder de confiance à Burnham. Nous avons eu tort d'aller le trouver. Je regrette de t'avoir écouté, Vilmos, de ne pas avoir fait mes vérifications plus tôt. Mais c'est son inaction depuis janvier qui m'a mis la puce à l'oreille !

Le professeur rassembla ses pensées et dit :

–Peu importe qui s'est trompé, il faut à présent réagir. Cela confirme ce que j'avais déjà décidé : nous nous remettons en chasse. Je vais aller trouver la DST.

–Avec quelles fiches, monsieur Schaeffer ? objecta la jeune fille. Burnham a tout gardé, je vous rappelle.

–Il te reste la tienne, Lena. Celle où Vestnik raconte que tu écris de la pornographie.

–Mais va te faire cuire un œuf, Vass ! s'écria Lena à travers tout le milk-bar. C'est de la poésie érotique, fichu inculte !

–Tu parles de fesses et de seins, oui ou non ?! répliqua l'autre sur le même ton.

–On peut revenir au sujet ? gronda Gilles. Les errances coquines de notre camarade ne nous concernent pas, je croyais ceci établi ! Bien… Donc, on ne peut pas aller trouver la DST tout de suite. Que faire, alors ? Retourner surveiller la boîte aux lettres de la bibliothèque ?

–Ah non ! Sans moi ! coupa le Hongrois. Dès que je pense à la BNU, je fais des cauchemars. Réfléchissez : si Burnham est de l'autre camp, il est maintenant au courant de tout ce que nous faisons. Il a dû informer le réseau Vestnik-Yegoza ! J'en ai assez, moi ; vous ne l'avez pas encore compris ? Je veux terminer mon année, quitter Strasbourg, oublier toute l'affaire ! Voilà ce que je veux !

–On le saura, que tu ne veux pas bouger le petit doigt ! répliqua Lena. Et comment feras-tu, quand le KGB viendra sonner chez toi ? Te montrer une fiche d'espion remplie de toutes tes petites cachotteries ? Et exigera de toi un service ?

–Je m'en fiche ! Ils peuvent venir, les espions !

–C'est bien toi, Vilmos Vass, qui nous parle ? riposta la Polonaise. Toi qui es plus peureux qu'un lapin blanc ?!

–Je n'ai pas peur. J'ai décidé de ne plus avoir peur. Regardez…

Vass s'interrompit le temps de farfouiller dans sa poche de veston. Il posa sur la table un objet enveloppé dans un chiffon, le déballa.

Une arme.

Un pistolet aux reflets d'acier sale, avec un slogan en cyrillique gravé tout le long du canon.

« Vass, dites-moi que c'est une blague », s'exclama Gilles tandis que Lena, en même temps, disait : « Où as-tu eu cette chose ? »

– Je l'ai, c'est tout. Je ne voulais pas le garder sur moi, mais depuis le récit de monsieur Schaeffer, ces histoires d'agresseurs en voiture, j'ai changé d'avis.... Voilà. Un Tokarev modèle TT 33 en parfait état de marche.

Gilles n'en croyait pas ses yeux. Vass, Vilmos Vass, le Magicien menteur et couard, leur avait caché ceci ? Mais quel jeu jouait ce type, depuis le début ? Comment s'était-il retrouvé avec lui et Lena, associé à eux deux... ?

La jeune fille, cachée derrière ses cheveux, dardait des pupilles acérées sur le Hongrois :

– Vilmos Vass, est-ce que tu te rends compte que tu détiens un pistolet militaire de fabrication soviétique ? Depuis le début ? Qu'est-ce que tu attends pour t'expliquer ?

– Mais peu importe d'où il vient ! Je pensais te rassurer, Lena, vous redonner du courage et voilà comment vous me recevez ! L'important est que je le possède, et que je sache parfaitement m'en servir !

– Monsieur Vass, moi aussi j'aimerais comprendre...

Le garçon battit des paupières, jeta des coups d'œil autour de lui. La panique le gagnait. Il remballa en hâte son artillerie et répondit :

– Très bien... nous voulons tous partir de Hongrie. Mais depuis la création de la République Populaire, les frontières ont été fermées. Aux postes-frontière, on est refoulés ; dans la campagne, il y a un *no man's land* où on se faisait tirer dessus sans avertissement. Et les chanceux qui arrivent à passer, le Régime exerce des représailles sur leur famille.

Mais je *voulais* partir. Je le voulais de toutes mes forces ! C'est ici, en Occident, que les choses se passent ; si on veut faire carrière, si on veut aller loin et monter haut, c'est ici ! C'est en Occident que la vie veut vivre !

Gilles et Lena restaient froids et attendaient. Il poursuivit :

– J'ai passé des mois à préparer mon coup, avec des copains. On ne savait jamais quand on était surveillés. Ils m'ont fait sortir clandestinement de chez moi, caché dans une armoire, sur le toit d'une voiture. Jusqu'à la région de Josvafo. La nuit venue, j'ai descendu la falaise. Sans lumière, avec juste une corde autour du ventre. Et en bas... un garde-frontière tchécoslovaque, pas content du tout. Je lui ai raconté une histoire. Vous savez comment je peux retenir l'attention du public... Bien sûr, il ne m'a pas écouté long-temps. Mais ça a suffi pour que, l'air de rien, une chose en appelant une autre, son pistolet se retrouve... dans ma main.

Gilles ouvrait des yeux ronds :

– Vous êtes en train de nous dire... que vous avez pris un homme en otage ? Un soldat tchécoslovaque ?

Vilmos approuva de la tête avec brusquerie.

– Oui, oui, juste le temps de quitter la zone frontière. Ensuite, depuis le pays de Tito, il était plus facile de passer en Occident.

– Tu m'excuses, fit Lena, mais j'ai du mal à te voir dans ce rôle. Et il y a une autre explication possible à ce pistolet soviétique dans ta main...

Le Hongrois les détailla tous les deux, très vite.

– Attendez ! Vous... vous n'allez pas me faire ça ?! Vous n'allez pas me lâcher ?! Tous les étudiants du château se soupçonnent entre eux, mais je pensais que nous trois, nous deux, nous étions différents ! Hé, les copains ! C'est juste un pistolet volé dans un moment d'opportunisme !

–… Pas à n'importe qui, Vilmos ! Je crois avoir remarqué une inscription. Tu peux nous le re-montrer ?

–Mais bon sang, à quoi vous jouez ? C'est sur moi que vous faites une enquête, à présent ? Vous êtes devenus fous ! Tous les deux !

–Vous ne voulez pas lui montrer le pistolet, Vass ?

–Non… je vous en prie, ne me demandez pas ça…

Et le jeune homme cherchait leurs yeux, de son regard suppliant.

Ce regard qu'ils connaissaient par cœur, et qui ne leur faisait, désormais, ni chaud ni froid.

Partie 4

COUPS ET CONTRE-COUPS

27

Vilmos avait refusé de montrer à nouveau son arme. Gilles et Lena quittèrent le Ivy Mike sans un au-revoir, laissant leur camarade embourbé dans ses mensonges.

Depuis, le professeur et l'étudiante se retrouvaient à deux pour travailler et préparer la suite. Ils rédigeaient un récit des événements, de tous leurs faits et gestes depuis l'irruption de Vestnik dans leurs vies. Le « camarade Burnham » y tenait une bonne place. Et Gilles y développait de sérieux doutes sur le comportement de Vass...

Le jeune Hongrois tentait des ouvertures vers lui, traînait après son cours... Lena s'éclipsait rapidement, et Gilles faisait exprès de repartir avec d'autres groupes d'étudiants. À chaque fois qu'il croisait Vass, il se demandait s'il portait son pistolet sur lui.

Avec Lena, il s'arrangeait pour que la « boîte aux lettres » de la BNU soit relevée tous les jours, aux horaires supposés de Vestnik. Ils prenaient des précautions surhumaines pour ne pas se faire voir, observer le terrain, agir vite... Pour le moment, ils revenaient bredouilles.

Il y avait une enveloppe ! Une enveloppe kraft, à l'emplacement habituel !

Gilles la prit avec une satisfaction intense : tout n'était pas perdu, alors !

Il ne s'attarda pas à l'ouvrir. Plus tard, lorsqu'une copie serait faite. Dans l'immédiat, il fallait se dépêcher de trouver une échoppe de photographe.

Il la rangea dans sa sacoche et se dirigea à grands pas vers la sortie de la bibliothèque. La livraison était bien moins épaisse que les deux précédentes ; il espérait que son contenu suffirait.

Gilles prit par le Carré d'Or, puis par l'arrière de la cathédrale. Il préférait désormais les rues passantes, commerçantes : le graffiteur y avait la tâche moins facile.

Mais rue du Bain-aux-Roses, il fut cueilli par surprise.

Le texte commençait ainsi :

ABAN

Jamais lu celui-là, encore. Le professeur s'engagea dans la rue en direction du pont, cherchant, comme d'habitude, à repérer la suite du rébus. « Aban ». Quoi, « Aban » ?

Mais il ne trouva pas la suite. Le message n'allait pas au-delà de la quatrième lettre. Qu'est-ce que l'accusateur avait voulu...

Il aperçut, par pur hasard, une silhouette dans une vitrine ; à l'emplacement parfait pour tracer un cinquième caractère ; un type en imperméable chiffonné, le visage déjà en mouvement.

Gilles fit volte-face. Il accrocha de l'œil les plis de l'imper. L'autre dévalait la rue et se jeta à sa droite, sur la terrasse des Rohan.

– Hé ! Arrêtez-vous !

Le professeur s'élança. Localisa de nouveau l'imper, avant qu'il s'engage place du Marché-aux-Poissons.

Il entendit haleter près de sa jambe. Un chien s'était joint à la poursuite. Encore ! Mais qu'est-ce que ces créatures lui trouvaient !?

Gilles traversa aussi vite que possible la petite place. Des Strasbourgeois en goguette se serraient devant les vitrines. Devant lui, l'autre joua des coudes, repoussa de ses mains deux matrones, en étalant sur leurs vêtements de la poussière de craie. Le fuyard ne prenait pas le risque de se retourner. Il était tête nue, nota Gilles. Les cheveux gominés.

Le poursuivant prit une inspiration et appela à l'aide, en espérant qu'un agent de police traînait dans les parages :

– Au voleur ! Arrêtez cet homme !

L'un à la suite de l'autre, ils remontèrent la rue du Maroquin. Le suspect espérait peut-être se perdre dans la foule place de la Cathédrale. Son vêtement flottait autour de lui comme des ailes bleuâtres.

– Viens par ici, corbeau de malheur... grogna Gilles en forçant le pas.

À côté de lui, le chien, concentré, trottait toujours.

Le jeune homme sentait venir le point de côté. Tant pis ! Il le tenait presque. Pas question de lâcher l'affaire, de revenir une fois de plus à la case départ !

Alors qu'ils longeaient la façade de l'œuvre Notre-Dame, entre les groupes d'inconnus, de nouveau, l'imperméable.

Gilles renversa les passants, poussa un sprint.

Le fuyard tirait sur ses forces. Plus petit, il avait une foulée plus nerveuse ; mais pas assez pour l'entêtement de Gilles.

Le professeur empoigna l'habit de sa proie, tira dessus d'un coup sec, faisant pirouetter l'homme. Sans attendre qu'il se ressaisisse, il le plaqua contre le mur voisin. L'autre encaissa le choc et resta là, souffle coupé, emberlificoté dans son *trench-coat*.

Le chien aboya joyeusement sur les deux hommes. Gilles lui adressa enfin plus d'attention... Marshall ?

... Hering ?

–Hering ?! Mais qu'est-ce que tu fabriques ?

–Lâche-moi, salopard !

Gilles, devant le visage de son collègue plissé de haine, peinait à comprendre.

–Mais enfin... C'est toi qui traces tous ces graffitis ?

–Ha ha ! Si tu voyais ta gueule ! Bien sûr que c'est moi !

Le professeur relâcha son étreinte. Marshall, allant et venant entre son maître et son vieux copain Gilles, remuait joyeusement la queue. Un attroupement se formait autour d'eux, promettant d'obstruer bientôt l'étroite rue médiévale.

–Alors... tu es Vestnik ?!

–Mais de quoi tu parles ?

Gilles faillit lui donner un coup de sacoche, se retint : les fiches ! Surtout, ne pas se servir du cartable et de ce qu'il contenait !

Il empoigna une nouvelle fois Hering, le renvoya durement contre le mur. Les spectateurs lâchèrent de petits cris d'excitation. Schaeffer n'était pas bien costaud, il faut dire ce qui est ; mais Hering s'avérait plus faible encore, un peu voûté, sous-nourri ; comme si, pour lui, l'armistice datait de la veille...

–Tu vas faire quoi ? cracha le fuyard. Me dénoncer aux flics ? Le reste ne te suffit pas ?

–Le reste ?

–Qu'est-ce que tu as contre moi, Schaeffer ? Tu récupères tous les étudiants slaves du château, tu te pousses à ma place pour la conférence de Jean Paulhan... Le petit toutou de Bellegarde ! C'est toi qu'elle fera monter au sommet, aux plus hauts postes, sans aucun doute ; et ça ne te suffit pas ? Explique-moi : qu'est-ce que tu as contre moi ?

–Mais... rien ! Tu dis n'importe quoi !

–Je sais ce que je vois. Ça fait des années que je t'observe, Gilles Schaeffer. Tu es un arriviste, un salopard qui ne recule devant aucun coup bas. Mais je t'ai percé à jour ! J'ai fait ressortir la vérité sur toi ! Mon idée de graffiti était la bonne, puisque tu as fini par craquer !

Le professeur laissa aller son collègue. Tandis que l'autre lui tournait autour en triomphant, il reposa contre le mur de l'œuvre Notre-Dame. Terrassé par son point de côté et par la consternation. Qu'est-ce que cet imbécile était allé s'imaginer… ? C'était donc pour cela, les messages à la craie ? Juste pour cela ? Une rancune personnelle complètement idiote ?

– Alors, on ne dit plus rien ? On est touché au vif, hein ?

Hering le regardait sous le nez, en lui donnant de petites bourrades pas trop brutales. La troupe de badauds se défaisait déjà. Marshall respirait à pleine truffe l'entrejambe de Schaeffer.

– Dégage, Hering.

– Ha, tu aimerais bien ! Mais pas question ! Je suis ta mauvaise conscience. Je suis…

– DÉGAGE ! Avec ton sac à puces ! Tu m'entends ?!

Gilles, dans cette seconde, devait paraître impressionnant : les curieux s'intéressèrent subitement à n'importe quoi d'autre. Son collègue, littéralement, se rétrécit et recula à petits pas. Même son chien obéit et prit de la distance, penaud.

Hering se retourna encore pour lui décocher une ultime remarque. Mais devant l'air terrible de Gilles, il laissa tomber. Accompagné du chien à présent tout tranquille, il disparut.

À cause du temps perdu, les échoppes étaient fermées, à présent. Gilles passerait chez un photographe demain première heure.

Il acheva le trajet jusque chez lui, laissant sa fureur s'en aller lentement.

Joce n'était pas rentrée. Il mit une nouvelle bûche dans le Godin, se servit un petit schnaps et se cala dans le divan du salon.

Ce Hering, quel foutue crème d'andouille ! Enfin...

Maintenant, il pouvait se consacrer à l'enveloppe.

Il la décacheta. Celle-ci ne contenait qu'une fiche ; au nom de Vilmos Vass.

Il prit le dictionnaire, essaya, cette fois encore, de déchiffrer le cyrillique. Il renonça : pour changer, le document était rédigé à la main, ce qui le rendait d'autant plus illisible pour un habitué de la graphie latine.

... Mais cela ne collait pas.

Rien ne collait.

Gilles retourna la fiche, toucha le papier, l'éleva à la lumière : les précédentes livraisons de Vestnik avaient été tapées sur du papier à filigrane. Ici, il s'agissait d'un pelure grisâtre, typique des blocs-notes bon marché. La fiche était manuscrite, d'un trait pressé, qui s'envolait au ciel à la fin de chaque ligne. Gilles n'aurait pu en jurer, mais le volume d'informations semblait bien plus léger que dans les fiches précédentes. Or, à en croire Vass lui-même, il y avait tant à dire sur sa jeune existence...

– Vilmos, Vilmos Vass, qu'est-ce que tu nous as encore fait... ? murmura Gilles.

Est-ce que Vass était Vestnik ? Est-ce qu'il avait caché là-bas cette troisième enveloppe pour qu'on la trouve, et qu'on l'acquitte de tout soupçon ?

Mais en même temps, cette fiche était bâclée, du travail d'amateur ; comment croire que le véritable Vestnik aurait à ce point gâché le métier ?

... À moins que ce soit justement ce que voulait faire croire l'espion : que l'on croie qu'il n'était pas celui qui n'était pas celui qu'il était... ? C'est-à-dire un amateur sans envergure ?

Gilles vida son verre de vieille prune. Bon dieu, que l'espionnage était une affaire compliquée! Dans son monde à lui, celui de la recherche littéraire... Oui, enfin bon.

Dans tous les cas, que valait l'équation Vass = Vestnik? Elle répugnait à Gilles; il avait toujours apprécié le Magicien, malgré sa lâcheté, ses outrances. La vie brouillonne, inventive, débordait de lui, et le professeur ne pouvait s'empêcher d'admirer cela; de l'envier, même...

Mais Vilmos Vass, c'était le Magicien, justement: un type qui se cachait derrière ses tours et ses sourires charmeurs. Que savait-on de lui? Il ne racontait rien, n'avait jamais rien raconté de vrai à ses deux camarades, même après avoir côtoyé, tous ensemble, la nuit, la chute, la mort.

Le Magicien, oui, qui avait poussé tout le groupe à se défaire du premier lot de fiches. Qui se trouvait le premier sur les lieux, le jour où Gilles avait trouvé le deuxième lot. Le Magicien qui se servait de tout ce qu'il pouvait pour qu'ils en restent au *statu quo* envers Vestnik.

Schaeffer examina la fiche une nouvelle fois. Cryptique, et en même temps si claire; la fiche de Vilmos ne disait qu'une seule chose, le proclamait bien fort: trahison.

28

Le château de Pourtalès était fermé pour la nuit. L'édifice ne se distinguait plus, il se devinait tout juste à sa silhouette dentelée. L'œil se perdait dans le détail de ses cheminées, ses pignons tracés au négatif sur la nuit bleue. Mais Gilles avait à faire.

On se trouvait dans ce flottement quotidien entre le jour et la nuit: les étudiants sortaient du réfectoire. Ils pouvaient passer du temps ensemble, entre filles et garçons, et discuter en attendant le couvre-feu. Toutefois, il soufflait un petit vent glacial, chargé de poudreuse, et personne ne s'attardait sous les porches. À peine le professeur repéra-t-il un groupe qui essayait clandestinement d'allumer une cigarette à l'angle de la bâtisse.

Il avait déjà rencontré la maîtresse d'internat, cette terrible gorgone qui défendait l'accès des locaux et la vertu des étudiantes. Schaeffer n'avait aucune envie de s'affronter à elle.

Il frappa au carreau de Lena. Elle le reconnut, ne sembla guère surprise. Elle lui fit signe qu'elle le rejoignait.

Elle le retrouva à l'extérieur, le fit entrer. À pas de conspiratrice, elle l'entraîna dans les couloirs du château.

– Vous savez, mademoiselle, nous pouvons discuter dehors. Je voulais seulement...

La jeune fille ne touchait pas aux interrupteurs. Comme Gilles se repérait très mal, elle glissa sa petite main dans la sienne. Elle le guida jusqu'à une des belles portes anciennes, qui céda après quelques cliquetis de serrure : est-ce que Lena venait, purement et simplement, de la crocheter ?

Ils entrèrent dans une pièce mystérieuse, feutrée ; Lena ouvrit les deux fenêtres et referma sans un bruit les volets. Seulement alors, elle alluma, une seule lumière, une applique qui imitait des bougies couvertes de coulures de cire...

Gilles grimaça d'embarras en apercevant le thérémine. Ils se trouvaient dans le petit salon d'études.

Il n'avait pas réclamé toutes ces précautions. Ce que le professeur voulait dire à Lena tenait en deux-trois phrases. Il se sentait presque gêné par tout ce déploiement de mystères...

– Cela vous convient, l'éclairage ? J'espère qu'il sera suffisant pour nous deux. Personne ne doit rien voir de l'extérieur.

–Un peu de secret ne fait pas de mal, certes. Mais, heu... je n'en aurai pas pour des heures.

Lena jeta son manteau sur un divan, se pencha sur le thérémine en prêtant à peine attention à son professeur.

–Je... J'ai changé de soupçon, à propos de Vestnik, vous savez ? Je me suis rendu à la BNU en fin d'après-midi, et...

–Ah oui ?

Elle l'écoutait à peine ; à la place, elle s'affairait sur l'instrument de musique : elle avait retiré la housse qui protégeait sa caisse en bois, l'avait branché à une prise murale ; elle actionnait des interrupteurs, orientait les antennes, un œil fermé, essayant d'obtenir une bonne configuration...

–Bref, voilà à quoi j'en suis rendu sur Vass. Il est lâche, menteur, il nous manipule tous ; même vous, Lena, parfois, ne le niez pas... Mais je pense que je l'ai percé à jour ; et je le prouverai.

–Nous parlerons de Vilmos tout à l'heure, Gilles. Dites-moi si le son est assez fort ?

Lena attacha ses cheveux dans sa nuque, tourna les potentiomètres tout en agitant ses mains entre les antennes. Un ululement plein de douceur émergea de la caisse en bois verni.

–Il faut que ce soit audible de vous, mais pas de l'extérieur. Autrement, nous aurons des ennuis...

–Mais... combien de temps voulez-vous rester ici, Katowicz ? J'étais venu discuter d'un seul sujet, qui ne souffre aucun délai, et...

–Tiens, vous reconnaissez ?

La jeune fille s'était placée debout derrière l'appareil. L'attitude solennelle, elle jouait des deux mains dans le vide entre les antennes. La droite le long de la tringle verticale ; la gauche dans l'espèce d'anneau horizontal. On pouvait distinguer, déformé, adouci, mêlé dans un soyeux *legato*, les notes de la *Marseillaise*.

– Rassurez-vous, nous allons écouter d'autres choses. Si vous reconnaissez la mélodie, c'est que l'accordage est suffisant.

– Mademoiselle Katowicz, le dragon qui surveille votre couloir ne va pas tarder à passer son nez aux portes, et...

– Un polochon sous les draps. Ça ira. Elle est sévère mais stupide.

Comme Gilles restait muet, elle le prit pour un reproche.

– Sachez une chose, monsieur Schaeffer : j'ai fui mon pays parce qu'il me refusait toute liberté. Oui, c'est une chance d'être boursière ici, d'avoir un toit sur la tête, tout cela. Mais quand nous voulons sortir le soir, nous devons remplir une demande plusieurs jours à l'avance, puis prier pour une réponse positive. Les surveillants viennent nous moucharder, nous demander des cigarettes ou de l'alcool, juste pour savoir si nous en cachons. J'ai *aussi* envie de vivre, d'aller où je veux, de faire ce que je veux ! Et ce ne sont pas des règlements minables ou une maîtresse d'internat bornée qui m'en empêcheront ! À présent, écoutez...

La jeune Polonaise se concentra sur le thérémine, sculptant les ondes avec des gestes gracieux. L'appareil miaula, puis chanta tel un fantôme timide.

Gilles s'agitait, faisait les cent pas entre les fenêtres et la porte. Il le sentait, il le savait, il aurait dû se trouver n'importe où plus qu'ici.

– Lena, comment, selon vous, cette soirée...

– Écoutez, monsieur le professeur. Choisissez un fauteuil et écoutez. C'est... mon morceau. Je l'invente un peu plus à chaque fois que je le joue. Je l'appelle la mélodie de l'Est, le « chant de l'Est ». Écoutez, et dites-moi si vous entendez la musique de ma terre...

Et Lena Katowicz mouvait délicatement ses petites mains le long des antennes métalliques, et oui, on entendait, porté par une mélodie toute simple, qui s'élargissait en rameaux, en arbre, qui se rassemblait en nœuds de musique, on entendait le vent, les appels du fin fond des forêts, la neige qui bavarde de flocon à flocon, les bouleaux qui se penchent l'un vers l'autre pour se dire des mystères, et l'oiseau au nid, blotti dans son lit de feuilles, qui demande à la branche si le printemps est là...

Gilles, comme tiré hors de lui par la musique, s'était assis dans une bergère et empoignait son vieux tissu râpeux.

L'étudiante farouche lui paraissait transfigurée. Elle avait laissé tomber son attitude sévère, mordante, cet esprit aux aguets derrière le piège de ses cheveux. Elle les gardait attachés dans son dos et souriait, les yeux clos, tout son mignon visage baigné d'ondes sonore.

Sorcière accomplie, à présent, prêtresse païenne dévouée à l'offrande, elle cambrait en arrière son corps menu, tournait ses bras vers Gilles, vers sa musique, dans un geste d'une générosité infinie. Dans les changements de cadence, quand elle entretissait une fois de plus les fils de son refrain, elle lui jetait des regards profonds et invitants.

Il lui fallut répéter le même geste pour que Gilles comprenne : de ses doigts agités comme de petites abeilles, elle lui signifiait de la rejoindre.

Il voulut refuser, faire le timide, se faire prier ; mais il sentait que cette posture, que cet air-là décevrait la chanson. Il se leva, vint se placer derrière elle.

Sans prévenir, l'odeur des cheveux de Lena se rappela à lui ; puis arriva le souvenir de la nuit de décembre, de leur embrassade sur la tour.

Gilles se serra contre la fille comme s'ils étaient revenus là-haut, comme s'ils risquaient à nouveau, elle et lui, de tomber.

L'ondiste régla l'instrument pour qu'il tienne compte de leurs deux corps. Elle saisit les poignets de Gilles et lui montra les huit postures des doigts. La main gauche pour le volume, la droite pour la hauteur de note, d'accord, très bien...

Elle le conduisit doucement, lui fit poser quelques sons. Aucun autre instrument ne permettait, à ce point, de guider un élève, de lui faire ressentir le résultat de ses gestes. Elle le laissa aligner une mélodie, modifia quelques réglages sur le boîtier, mêla ses doigts aux siens à nouveau.

Il crut percevoir des pas à l'extérieur, du mouvement.

– Tu as entendu ?

– Quoi ?

– Dehors...

– On s'en fiche, personne ne sait que nous sommes là. Viens...

Gilles se serra contre elle. Elle ondula contre son torse, ses hanches. Elle perdit un peu la cadence, la retrouva. Gilles lui embrassa le cou, ce qui chamboula sa posture. Le thérémine émit des caquètements agacés. Elle fit de son mieux pour contrôler son élève musicien, serra la prise sur ses poignets, retrouva son « chant de l'est ». Il l'embrassa plus profond, plus bas le long de la gorge, goûta la mousse noire de ses cheveux. Elle reperdit le rythme, le retrouva ; mais la main gauche de Gilles s'était enfuie dans l'intervalle. Lena lança la sienne à sa recherche. Le chant du thérémine devint fou, se rattrapa tant bien que mal. Gilles, de sa main toujours libre, vint lui caresser le ventre, effleura sa poitrine. En riposte, elle pencha la tête de côté, au bon moment, et attrapa ses lèvres.

Il songea un instant à ce qu'ils faisaient là, elle et lui. Et si quelqu'un venait ? Rien ne les défendrait. Il voulut se dépêcher. Il tourna la jeune fille vers lui ; mais elle se déroba doucement :

– Non, je t'en prie, continue à jouer... (elle haletait) C'est merveilleux ainsi, tu ne trouves pas ?

Et c'est vrai, l'instrument semblait maintenant accordé à leur désir. De tous leurs gestes improvisés, leurs peaux qui entraient en contact, leurs bouches, leurs mains qui se prenaient et se déprenaient, une alchimie électrique se développait, offrant des sons nouveaux à leurs oreilles. Lena les emmenait sur un autre continent musical, une terre où le plaisir se faisait musique.

La fille chercha la boucle de ceinture de Gilles, dans son dos, l'ouvrit, fit descendre son pantalon en se frottant à lui. Il lui rendit la pareille, pantalon, tricot, chemisier, fit tout valser loin d'eux avec des gestes larges, pour éviter de troubler la mélodie. Il retira ses derniers vêtements.

Il ne faisait guère chaud, dans le petit salon oublié pour la nuit ; tant pis. À la lumière de l'applique, il distinguait le dos arqué de sa partenaire, les muscles des épaules qui roulaient sous les caresses, ses fesses, son sexe, qu'elle poussait vers lui au gré de la mélodie.

Gilles enserra ses hanches d'un geste sûr et entra en elle. Elle accompagna le geste d'un long mouvement du bassin. Le thérémine gémit, vibra, comblé.

29

Au Ivy Mike, tout le monde vivait sa vie de son côté, comme toujours, comme partout. Mais Gilles avait le sentiment tenace que tout un chacun les observait, lui et Lena. Que les étudiants de la bande des Vitch, aux tables voisines, les vieux joueurs d'échecs se donnaient des bourrades en se montrant le duo : « Regarde, c'est le professeur et l'étudiant qui ont baisé ensemble au Pourtalès... »

Pour tout dire, cela préoccupait surtout le professeur. Lena, elle, semblait absolument à l'aise avec tout ceci. Quoi de plus normal, pour « Guillemette Lappliquée-Alétude » ? Cette simple idée, qu'ils aient couché ensemble et que là, installée devant lui, elle ne s'en faisait pas, lui donnait brutalement envie de recommencer...

Après le Pourtalès, Gilles était rentré chez lui en trombe. Joce dormait, ou bien faisait semblant. Il s'était mis au lit en s'efforçant de ne pas la déranger.

Il avait mis longtemps à s'endormir. Il aurait dû se répéter, épouvanté, « Qu'est-ce que j'ai fait ?! » Mais à la place, il revivait avec régal le temps passé dans le petit salon de musique. Est-ce que Lena avait espéré ce moment autant que lui ? Est-ce qu'elle avait amené d'autres hommes avant lui, dans cette pièce... ? Est-ce qu'il était le seul, en ce moment ? Alors qu'ils restaient enlacés, lovés l'un contre l'autre dans une bergère, il avait tenté d'obtenir des réponses, mais elle s'était esquivée gracieusement ; comme si elle jouait encore de la musique, la musique des secrets.

Livré à ses pensées, il se prit à rêver que cela pourrait donner, avec elle. Elle finirait ses études, demanderait la nationalité française. Il la pousserait, bien sûr, la porterait pour qu'elle prenne son envol au-dessus des méandres de la recherche littéraire française. Et puis, il l'installerait... « Ta gueule, Gilles ! » se dit-il avec amertume. Voilà qu'il devenait aussi délirant que Vass.

Dès qu'il avait revu Lena, après le cours du lendemain, le professeur lui avait donné rendez-vous au bar. Il avait très envie de... prendre une nouvelle leçon de thérémine, mais il fallait aussi qu'ils parlent de leur espion.

À présent, la Polonaise sirotait sa bière en écoutant les conclusions du professeur :

– Et voilà. Ce n'est peut-être rien, peut-être que je me trompe sur lui, mais il serait utile de le confronter. Tu ne crois pas ?

– Je ne sais pas, Gilles. Je n'ai pas réfléchi à la question. J'aime beaucoup Vilmos, comme toi. Après notre dernière discussion, celle où il a sorti le pistolet, je me suis sentie mal à l'aise. Le confronter, une fois de plus, ce n'est pas digne de notre amitié à tous les trois, non ?

Gilles bredouilla. Il n'avait pas voulu voir cet aspect des choses...

– Et puis, asséna calmement Lena, il a le Tokarev.

– Tant pis ! Nous devons avancer ! Nous devons...

– Regarde, il arrive.

Le jeune Hongrois se coula sur une chaise, un grand sourire aux lèvres :

– Ça me fait plaisir qu'on se reparle. Toute cette méfiance, c'était trop bête ! Alors, de quoi parliez-vous ? Lena ? Monsieur Schaeffer ?

– Vass, nous attendons vos explications.

Gilles observa Lena à la dérobée. Elle aussi semblait refermée, verrouillée ; prête pour un moment pénible.

– Des explications ? Vous n'avez rien d'autre à me dire ?

– Non.

Gilles fit glisser vers Vilmos la copie de la fausse fiche trouvée à la BNU. Le garçon la prit, la lut, et réagit avec une surprise mal imitée :

– C'est révoltant ! Alors ce Vestnik m'a épinglé moi aussi ! Il faut vraiment faire quelque chose !

– Vous n'avez pas l'impression que cette fiche n'est pas dans le même style que les autres, Vass ? Regardez le papier, la rédaction... : tout semble indiquer que cette fiche est un faux.

—Et qui d'autre, enchaîna la Polonaise, qui d'autre à part nous trois, connaît la procédure du courrier de Vestnik ?

—Et lequel de nous trois n'a pas encore eu les honneurs de ces petites biographies ?

Gilles et Lena se renvoyaient la balle, laissant à peine à Vass le temps de respirer.

—… Lequel d'entre nous, donc, puisqu'il n'a pas de fiche à son nom, peut-on soupçonner d'être l'espion… ?

—Et lequel d'entre nous fait tout pour nous empêcher d'avancer dans nos recherches, ou pour les envoyer dans de fausses directions ?

Vilmos s'était relevé et reculait imperceptiblement vers l'entrée :

—Vous plaisantez ? Nous sommes unis, tous les trois, nous sommes amis, non ? Nous n'allons quand même pas commencer à nous soupçonner entre nous ? Le monde entier est une menace, et c'est contre nous-mêmes que vous voulez tourner le couteau ?

—… le pistolet, ironisa Lena avec un regard dur.

—Ce pistolet, c'était une bêtise de ma part. D'accord, je le regrette. Et c'est vrai que je raconte parfois des sottises. Mais je suis un garçon honnête ! Au fond de moi, je suis honnête ! Il faut me croire ! Tout ceci ne suffit pas pour… pour m'accuser de… ce dont vous m'accusez ! Enfin bon sang, je sais qui je suis ! Mes pensées sont claires !

—On commence à connaître votre petite comédie, Vass. Vilmos Vass qui se fait pompeusement appeler le Magicien. Vilmos Vass qui aligne les mensonges en rafales. Nous pourrions presque nous laisser attendrir. Et concernant cette fiche…

Gilles la roula en boule et lui jeta à la figure.

—… qu'avez-vous à dire ? Hein ? Parlez, bon sang !

Le Hongrois agita des yeux fous, balaya la boulette de papier loin de la table où elle était retombée. Il aboya vers Gilles avec des postillons, en s'emmêlant dans son français :

– Et vous, Schaeffer, faites-vous-la donc, votre autocritique ! Qu'est-ce qui nous dit que ça sera pas Lena ou vous-même, Vestnik ?! Parlez le premier, et je vous accepterai comme procureur ; pas avant ! Blanchissez-vous !

Le professeur secoua la tête :

– Je sais qui je suis ! Je n'ai pas à me justifier !

– Et moi, monsieur le professeur Schaeffer, je suis sûr que vous cachez des choses ! Des choses qui ne sont pas sur votre fiche !

Immédiatement, Gilles revit Lena, nue, penchée sur le thérémine. Il sursauta comme s'il avait pris la foudre ; évita les yeux du Hongrois. Il jeta un coup d'œil malgré lui à sa partenaire de la nuit, bredouilla « Je suis un chic type, moi, je suis un chic type... »

Son trouble n'avait pas échappé à Vilmos, et il allait sans aucun doute pousser son avantage. Lena reprit la parole à point nommé :

– Si tu n'as rien à voir avec cette fiche, nota-t-elle calmement, donne-nous un échantillon d'écriture.

– Hein ?

– Un échantillon d'écriture.

L'étudiante s'était éloignée tout en parlant, afin de récupérer par terre, dans le coin de la salle, la boulette de papier : des camarades de la bande des Vitch lorgnaient dessus et s'apprêtaient à la chiper pour la lire...

– Tu choisis quelques lignes sur cette feuille, tu prends un papier vierge et tu les recopies, au naturel, sans réfléchir. L'auteur du texte a eu la bonne idée de l'écrire à la main : nous verrons bien si ta graphie est différente de la sienne.

Vass se redressa de toute sa dignité et toisa la jeune fille :

– Toi aussi, Lena ? Après ce que nous avons...

–Mais ta gueule, Vilmos !

–Non, Lena, pas cette fois. Je...

–Non : ta gueule ! Tu entends ? Tais-toi ! Là, maintenant ! Tu te tais !

Katowicz s'était dressée et elle le dominait, les deux poings sur la table. Il la fixa d'un regard noir.

–Tu recopies ce texte tout de suite ou tu t'en vas !

–Faites ce qu'elle dit, Vass. Nous n'en pouvons plus de vos minauderies !

Gilles, excédé, s'était levé lui aussi. Il saisit le bras de Vass. Celui-ci, débordant de nervosité, le repoussa :

–Lâchez-moi tout de suite ! Et toi, Lena, ouvre les yeux sur Schaeffer : Vestnik ne se comporterait pas autrement !

–Et quel intérêt aurais-je à tout cela, si j'étais ce fichu espion ? Je suis la première victime !

–On le voit bien, votre intérêt : vous êtes Vestnik, mais vous êtes aussi professeur assistant. Vous voilà le favori de la vieille Bellegarde, et depuis quand ? Depuis que ce pauvre homme, votre collègue, a été battu à la mort !

Le poing de Gilles partit comme un missile.

Même s'il n'était pas boxeur professionnel, et de loin, le choc fut dévastateur. Il sentit nettement le nez de Vilmos s'écraser sous son poing. La douleur de l'impact lui remonta le long du bras mais cela ne l'arrêta pas une seconde.

Il enchaîna une nouvelle frappe. Le Hongrois, après le premier choc, retrouva ses esprits. Il esquiva puis, sans faire aucune attention à Lena, qui leur hurlait de s'arrêter, aux autres clients qui s'étaient levés, il rendit sa monnaie à Schaeffer, en plein sur la pommette.

–Stop ! Foutez-moi le camp ! Pas de ça ici !

Le patron et les serveuses s'étaient bravement portés jusqu'à la mêlée. Sans rien entendre, ils attrapèrent, tirèrent, poussèrent Gilles, Vilmos et Lena jusqu'à la sortie ; le professeur et ses deux étudiants boulèrent tous les trois dans la rue, en vrac.

Vass profita des quelques secondes où son adversaire se reprenait pour porter ses doigts à sa bouche ; il siffla. Les gars et les filles de la bande des Vitch sortaient déjà du bar en poussant des clameurs.

Cela couvait depuis bien trop longtemps, parmi les étudiants du Collège. Les soupçons entre nationalités, entre années d'arrivée, entre filles et garçons... Tout le monde croyait voir des mouchards, avait ses petites détestations. Et pas moyen de vider une querelle dans l'espace du château : cela aurait valu une radiation immédiate. Et voilà qu'un camarade s'était pris une patate ? Ici, dans un *milk-bar* bien loin du Pourtalès ?!

Le coup de poing de Gilles valait autorisation pour tout le monde : ce fut l'escalade.

Chacun entra en scène selon ce qu'il comprenait de la situation : quelques-uns rejoignirent Gilles, d'autres Vilmos, d'autres essayèrent d'éloigner Lena de force. Celle-ci se débattit, distribua à son tour des horions autour d'elle.

Gilles et Vilmos avaient à peine remarqué qu'on les flanquait dehors.

– Il fallait qu'on en arrive là, Vass !

– Qu'on en finisse, Schaeffer !

Ils s'empoignèrent par le devant de la chemise et recommencèrent à se cogner. Vass l'agonissait d'insultes en hongrois ; le professeur injuriait son vis-à-vis avec un accent alsacien à couper au couteau.

Entre les coups qu'il donnait et ceux qu'il recevait, Gilles percevait, autour d'eux, des bribes d'action : une main qui empoignait des cheveux, un poing ensanglanté qui s'enfonçait dans un estomac, un talon de chaussure vicieusement planté dans un tibia, une bouche qui crachait une dent, un bras tordu dans le dos, une supplique en yougoslave ; ou en bulgare, pour ce qu'il en savait...

Le professeur éprouva une douleur aiguë au creux des côtes. Il s'en foutait. Il armait son bras, soufflait, allongeait un poing, recommençait avec l'autre. Vilmos perdit l'équilibre et entraîna son adversaire avec lui. Ils roulèrent sur le trottoir ; Gilles eut le dessous un instant, se retrouva soudain à surplomber l'adversaire. Il lui prit les cheveux, le front, pressa sa tête contre les pavés boueux.

Lena avait retrouvé sa liberté de mouvement. Elle essayait de tirer Gilles en arrière, de lui faire entendre des mots, des phrases, mais celui-ci était progressivement devenu fou furieux.

Il ne voyait que Vilmos, ne s'en prenait qu'à lui. Il cognait, cognait, dans le vide ou dans la viande, peu importait. Il cognait pour sa honte, pour ses fautes, pour sa colère. Pour le petit garçon terrorisé qui, autrefois, n'avait rien pu faire.

Et il gagnait. Peu à peu, son ennemi mollissait. Ce salopard, ce lâche n'essayait plus que de se protéger, de rouler sur lui-même pour échapper au gros des coups. Gilles prenait sa revanche, celle du pauvre gars massacré, de tous les malheureux du monde, il allait rétablir l'équilibre, remettre les choses en place...

Il arrêta son geste, à bout de souffle. Lena et trois des garçons de sa classe se pendaient à son bras et lui criaient des injonctions incompréhensibles.

Il vit, avec des yeux nouveaux, celui qui se tenait sous lui. Un pauvre type à sa merci. Une victime, et rien d'autre. Le tortionnaire, le brutal... c'était lui.

Il n'eut subitement plus la force de lever le poing, de se tenir même accroupi. Il laissa retomber son bras avec un grand soupir ; s'écarta aussi loin qu'il pouvait de Vass ; resta assis sur le trottoir, les bras autour des genoux, secoué de sanglots sans larmes.

Le Magicien ne ressemblait plus à rien. Sa chemise en loques ne tenait plus que par une manche. Sa Pompadour partait en capilotade. D'une main déjà rougie, il se maintenait le nez en place, tant bien que mal. De son côté, Gilles ne valait guère mieux : la chemise arrachée du pantalon, une de ses chaussures roulait, roulait à l'infini plus loin sur la chaussée, sous les roues des voitures.

30

Dans la bande des Vitch, on avait l'instinct de ces choses... Alors que la bagarre se calmait, quelqu'un brailla « *Politisti !* » Une autre voix reprit dans sa propre langue « *Mundurowi !* » En quelques secondes, Gilles apprit comment hurler « Les flics ! » dans une dizaine de langues étrangères.

Lena aida Vass, puis Gilles, à se relever :

– Suis-nous ! Vite !

Ils enfilèrent une rue après l'autre, par groupes de deux ou trois. Au carrefour, la bande se reformait puis se défaisait. Les sifflets des agents de police les poursuivaient à gauche, à droite. Ils franchirent un trou d'homme dans un grillage rouillé. Gilles, le souffle court, clopinant sur sa seule chaussure, tout occupé du sol où poser son prochain pas, n'avait aucune idée d'où ils allaient.

Ils finirent leur course à bout de souffle, à l'arrière de la halle du marché. Ils étaient une dizaine, des Vitch, garçons et filles, et puis Vass, Lena et Gilles.

Rassemblé sur le talus, entre deux trains de marchandises, le groupe s'organisait déjà. Des guetteurs surveillaient les accès. Ceux qui venait de se boxer se serraient la main, se tombaient dans les bras en pleurant, ou se jetaient sèchement des excuses. Ils n'étaient pas bien beaux à voir : il y aurait de la couture, ce soir, dans les chambrettes du Pourtalès, et le Mercurochrome coulerait à flots...

Le trio s'était assis à l'écart, sur un wagon-plateau. Vilmos sortit sa flasque de *pálinka* et la leur fit passer.

– Pour désinfecter, crut-il bon de préciser.

Gilles se nettoya les plaies en observant ses deux compagnons. Il songea un instant, épouvanté, à son retour à la maison : il allait devoir mettre les vêtements à la boîte à ordures, inventer un mensonge, une histoire apaisante... Expliquer les dégâts à Jocelyne demanderait trop de préalables et de parenthèses ; de précisions qu'il aurait dû donner bien plus tôt.

Lena semblait la moins mal en point du trio. Le professeur lui tendit la compresse imbibée : il avait des écorchures dans le dos, difficiles à atteindre...

– Ah non, alors ! Fais-le toi-même. Ce n'est pas moi qui me suis battue.

Vilmos faisait profil bas : le Magicien n'avait toujours pas retrouvé sa superbe.

– Vous... vous croyez qu'on nous a vus ? Les flics ? Qu'ils nous ont identifiés ?

– Ça, mon ami, grommela Gilles, tu aurais dû y penser avant de te battre.

– Mais c'est toi-même qui as...

– Vous n'allez pas recommencer, tous les deux ! fit Lena.

Les garçons baissèrent la tête, penauds. Gilles devait bien se l'avouer, à présent : le Hongrois ressemblait à tout sauf un espion. Ces gens-là étaient sans doute super-entraînés à toutes les formes de combat. Pas Vilmos Vass. Et si le Hongrois avait une once d'honnêteté, il se faisait sans doute, en cet instant, la même réflexion sur Schaeffer...

L'étudiant, tête baissée, parlait de sa voix nasillarde, sans les regarder :

– Au fond, je... je comprends qu'on puisse se méfier de moi, monsieur Schaeffer, Lena. Je suis... je suis un imposteur. Dans la vie, en général. Lorsque je vois une occasion de contourner la difficulté, de faire travailler les autres pour moi, de tricher, je... je l'attrape. Je ne peux pas m'en empêcher. Même dans vos cours, monsieur Schaeffer. J'emmène des « aide-mémoire » lors des contrôles. Personne ne peut les remarquer : j'ai des années de pratique et sauf votre respect, vous ne voyez pas beaucoup ce qui se passe. Je sais bien que ce qui est attendu de nous ici, je veux dire au Collège de l'Europe Libre : travailler sérieusement ; honorer la bourse qui nous a été attribuée. Et même, c'est tout ce que nous pouvons faire, tout ce qui est en notre pouvoir. Mais malgré cela, il faut que je triche.

Lena lui tendit la flasque d'alcool. Il s'en saisit et sans penser à soigner ses blessures, il but une rasade. Ses mains tremblaient.

– Si jamais... si jamais je me fais remarquer par les autorités du collège, je veux dire remarquer en mal... il y aura une enquête... le récit que j'ai donné à mon arrivée en France ne tiendra pas, pas bien longtemps. Celui d'un jeune étudiant hongrois anonyme et sorti du néant. Il ne tiendra pas.

Gilles et Lena se taisaient, avaient resserré les rangs autour de Vilmos : le jeune homme parlait de moins en moins fort. Même si Gilles ne comprenait pas tout, il n'avait aucune envie de l'interrompre.

– Si on apprend qui je suis, on ne voudra plus de moi ici. Le Collège me supprimera la bourse, c'est certain. Je n'aurai plus les moyens d'étudier. Je devrai prendre le premier travail venu, et adieu le Magicien...

–Et retourner en Hongrie ? Je veux dire, quand elle sera libérée.

Gilles n'avait pu s'empêcher de poser la question, mais d'une voix douce, sans agacement.

–Je ne m'appelle... je ne m'appelle pas Vass. Je porte le nom de mon père. Un cadre du Parti des Travailleurs, un collaborateur de Mátyás Rákosi, le secrétaire général du Parti, le chef du régime. Papa est le numéro 3 ou 4, disons. Personne ne croirait que j'ai fui ce monde-là, cette existence protégée, pour venir étudier à l'Ouest. S'il y a bien quelqu'un qui peut tirer de la satisfaction à vivre dans la nouvelle Hongrie moderne, s'il y a bien quelqu'un qui se préparait un avenir radieux, c'est moi.

L'étudiant les regarda avec un sourire triste :

–Et pourtant, je suis là. J'ai écouté la vilaine propagande de la RFE, j'ai vu les souffrances des miens, la peur dans les yeux, partout, et j'ai choisi de partir.

–Comment as-tu fait pour passer ? questionna Lena. Je sais le genre de contrôles qui ont lieu chez nous ; ça ne doit pas être bien mieux en Hongrie.

–J'ai... j'ai profité de mes talents pour l'escamotage. J'ai attendu un déplacement de quelques jours de mon père. J'ai vidé, dans un sac, tout un tiroir de son bureau, tout ce qui s'y trouvait, papiers vierges, arme de service... Je me suis servi d'un échantillon de sa signature pour obtenir mon visa. Je suis sorti de justesse du pays avant que l'alerte soit donnée.

À nouveau, Vilmos eut un sourire sans joie :

–Alors vous voyez, je n'ai aucune envie de retourner au pays, plus tard, quand il sera libéré... Même libéré, certaines choses ne s'oublieront jamais. Je profite de la bourse des Américains tant qu'elle durera, mais je ne repartirai jamais là-bas... Et cette fois, je vous jure que c'est vrai, les amis. Je n'ai plus de mensonge en réserve. Je n'ai jamais menacé qui que ce soit avec le Tokarev. Je ne saurais même pas le charger. Et l'inscription sur le canon, c'est un message d'amitié de Rákosi à mon père, au nom de mon père. Ce nom qui est aussi le mien.

Quelque part sur le faisceau de voies, une des locomotives haletait férocement. Un train vide allait repartir. Ils devenaient trop exposés. Les autres Vitch s'étaient déjà égaillés dans la ville.

Gilles et les deux étudiants repartirent dans les rues, faubourg de Saverne puis boulevard Wilson.

Le professeur ne pouvait plus considérer Vass comme un espion ; un enchaînement de quiproquos et de jugement faussé, et voilà. Il se sentait même assez honteux de lui avoir mis le poing dans la figure.

– Nous avons bien entendu ton récit, Vilmos. Je pense que tu as enfin dit la vérité. Je parle pour moi, bien entendu.

Lena approuva de la tête.

– Et moi j'ai bien compris que tu n'es pas Vestnik, Gilles. Tu aurais fait bien plus que me casser le nez...

Vilmos pressa le pas, se détachant manifestement du groupe.

– Il faut que je me trouve un médecin pour faire soigner cette patate.

Les deux autres le laissèrent aller.

« Alors, qui est Vestnik ? » songea Gilles une fois de plus, en regardant son étudiant s'éloigner.

31

Dans un grondement de semelles, les étudiants quittèrent l'amphithéâtre. L'examen venait de s'achever.

À présent commençaient les soupirs, les échanges d'impression, les reproches, l'esbroufe, les mines décomposées...

– Un moment, je vous prie !

Tout en bas de la fosse, bras croisés, Denise Bellegarde promenait son regard sur les élèves. À côté d'elle, Gilles, Hering et les autres assistants, déjà affairés au tri des copies, s'interrompirent.

– Les personnes que je vais nommer sont priées de rester sur place et de me rejoindre en bas.

Madame le professeur déplia une liste et la lut de sa voix morne, éraillée. Il s'agissait plus ou moins de la bande des Vitch, constata Gilles petit à petit. Ses étudiants. Tandis que Vilmos, Lena et les autres se rassemblaient près de la chaire et se mettaient en rang d'oignons, il abandonna son classement et s'approcha pour mieux entendre.

Qu'est-ce qu'ils avaient encore fait ? Depuis le pugilat devant le *milk-bar*, deux jours plus tôt, Gilles prenait ses distances. Il n'avait pas remis les pieds au Ivy Mike, et filait droit chez lui après son cours. Mais avec Lena... Le matin, devant le visage chiffonné de Jocelyne, il se le promettait : plus jamais il ne fricoterait avec son étudiante. Et la nuit, il se précipitait au Pourtalès pour pratiquer le thérémine...

En voyant les jeunes gens de plus près, Bellegarde ironisa entre ses dents :

– Dites donc, la vie au Pourtalès n'est pas de tout repos.

Et c'est vrai, beaucoup d'entre eux portaient les stigmates de l'avant-veille : pansements, hématomes, agrafes... Le nez bandé de Vass n'était pas le moins impressionnant. Gilles se sentit rougir : il ne pouvait pas cacher son propre œil au beurre noir. Il faisait comme il pouvait avec une mèche de cheveux, mais cela ne trompait personne. Le professeur n'avait pas pu ne pas le remarquer.

– D'ailleurs, vous êtes bien amoché vous aussi, Schaeffer, poursuivit-elle. Vous vous êtes pris la porte du frigo ?

Il grogna une explication confuse qu'elle n'écouta pas : la vieille peste l'avait mis mal à l'aise, c'est juste ce qu'elle voulait.

Une fois qu'ils furent entre eux, professeurs et étudiants appelés, l'enseignante passa derrière la chaire et posa une main sur une pile de copies :

– Il se trouve que l'on m'a volé des documents confidentiels. Des notes, des sujets d'examens, dont le sujet de celui-ci. Je n'ai pas cru la chose possible. Puis j'ai cherché, j'ai réfléchi, j'ai recoupé. Vous tous, ici présents, êtes suspects.

Elle ordonna, d'une voix pincée :

– Je veux que le ou la coupable se dénonce. Se taire encore aurait des conséquences terribles pour lui, bien plus que de parler. Je serai dans mon bureau durant toute l'après-midi.

Le professeur assistant, malgré lui, jetait des regards dérobés à Vass : le garçon faisait des efforts manifestes pour paraître innocent. Un coup pareil, c'était signé du Magicien, non ? Mais quel besoin aurait Gilles de soutenir cette vieille emm... bêteuse ? Vass lui aurait fait un vilain coup ? Tant mieux ! « Tiens bon, Vilmos... »

Lena, quant à elle, fit un pas en avant :

– Excusez-moi, madame le professeur, mais je ne crois pas que votre démarche soit approuvée par les règlements. Je veux dire, accuser sans preuves, et sans aucune précision... Quels sont vos « recoupements » ? Pourquoi nous autres, les gens du Pourtalès ? Votre démarche ressemble aux méthodes de... nos pays. Ce n'est pas digne de l'université française.

La vieille enseignante répliqua d'une voix pincée :

– Vous êtes une petite frondeuse déplaisante, mademoiselle. Et *ça*, ça n'est pas digne *non plus* de l'université française...

– Certes. Alors, en toute humilité, pouvez-vous nous raconter le vol ? Nous pourrons peut-être nous disculper.

La vieille femme marcha de long en large derrière le bureau, embarrassée comme Gilles ne l'avait jamais vue.

– À quoi bon ? Un moment, mes brouillons se trouvaient dans mon cartable, et l'instant d'après n'y étaient plus. Les seuls qui traînaient dans les parages, c'était vous. Point final.

Les autres assistants semblaient hostiles aux accusés. Hering, même, voyant que les élèves de Gilles se trouvaient en difficulté, riait sous cape.

– Mais où ? Quand ?

Bellegarde haussa le ton, pour atteindre son volume professoral :

– Eh bien à la Bibliothèque nationale et universitaire, voilà ! Dans la grande salle de lecture. Vous vous trouviez tous là, toute la bande ! Et Schaeffer... monsieur Schaeffer vous a rejoints plus tard !

– Mais de quoi parle-t-on ? (Lena restait fermement debout face au groupe de professeurs) Cela fait *des mois* que nous sommes interdits de bibliothèque !

– Eh bien oui, fit l'enseignante, gênée. Cela s'est produit avant. À la mi-décembre. Ce jour où vous vous trouviez tous là et où j'ai dû vous rappeler à l'ordre ; vous ne vous souvenez pas, peut-être, Katowicz ? Un peu plus tôt, alors que Schaeffer n'était pas encore arrivé, je me suis absentée de la salle en laissant mes affaires sans surveillance. Cela a dû suffire à un voleur suffisamment vif et habile.

– Vous voulez dire... que depuis tout ce temps, vous nous soupçonnez de triche, et vous n'avez rien fait ? Depuis trois mois ? Vous n'avez même pas changé les sujets d'examen ? C'est impossible ! Vous voulez vous payer les étudiants du château. Voilà la vérité !

–Mais pour qui vous vous prenez ! explosa Bellegarde. (Sa voix râpeuse gronda dans tout l'amphithéâtre.) Pour qui vous vous prenez ?! Je suis votre professeur ! Je claque du doigt et vous disparaissez !

... Ce qui ne répondait pas complètement à l'objection, songea Gilles. Il voulut prendre sa supérieure à l'écart pour éclaircir l'affaire. Il croisa le regard de Lena, qui lui signifia discrètement de n'en rien faire. Pas encore.

–Pardon d'insister, madame le professeur, mais cela ne peut se passer ainsi. S'il y a eu de la triche, il faut annuler l'examen.

–Écoutez-moi, espèce de petite...

Denise Bellegarde ne put pas poursuivre. Les autres étudiants répétèrent la demande, de plus en plus fort. Vass, le Magicien, n'était pas le dernier à brailler.

–Oui, il faut annuler ! On ne peut pas nous accuser ainsi ! Annulez *tous* les examens ! Annulez !

Soudain prise dans la tourmente, l'enseignante se pencha vers Gilles et lui chuchota :

–Ce... ce ne sont pas des sujets d'examen qu'on m'a escamotés. J'espérais faire suffisamment peur au coupable... Si je dois annuler ce devoir, cela va déclencher une bronca chez les autres, les innocents ; et puis il faudrait que j'annule trois mois de contrôles.

–Mais que vous a-t-on volé ?

–Des... travaux personnels. Vous ne pouvez pas comprendre. J'ai cherché partout, Schaeffer, croyez-moi ! Je n'en dors plus ! J'ai besoin de retrouver ces travaux. Faites quelque chose, Gilles. Ce sont vos étudiants, tout de même !

Derrière sa vacherie usuelle, on pouvait sentir que cette femme était au bout du rouleau. Le temps d'une petite revanche était peut-être venu...

–Mais vous allez la boucler ?!

Gilles s'était époumoné. Le silence revint. Il s'en étonna lui-même.

Des curieux qui traînaient dans le couloir passèrent la tête par la porte, tout en haut. Lena, la bande des Vitch, les professeurs leur lancèrent des regards si terribles qu'ils battirent en retraite.

–Avec votre professeur, nous avons statué à l'instant. Nous avons... Madame Bellegarde a trouvé une solution.

Tous les regards étaient tournés vers l'enseignante. Elle fusilla Gilles du regard, arpenta encore son territoire puis leva les bras au ciel :

–D'accord. Je... passe l'éponge... pour cette fois. Je retire l'accusation.

Plus provocante, plus effrontée que jamais, l'étudiante polonaise recula lentement dans le rang.

–... Et j'invite Gilles Schaeffer à se montrer spécialement vigilant lors de la correction. Pour une meilleure vue d'ensemble, c'est lui qui corrigera la totalité des copies.

L'assistant tourna vers elle une mine contrariée, ouvrit la bouche...

–Maintenant, sortez. Tous ! Foutez-moi le camp !

32

Un homme, une femme qui se bagarre récolte plaies et bosses. Un fonctionnaire qui se bagarre récolte, en outre, des papiers à remplir...

Gilles, une fois encore, attendait son tour au bureau 106. Suite à son empoignade avec les Vitch, il s'était absenté une demi-journée, et il devait maintenant montrer patte blanche devant Yvette. Celle-ci, comme d'habitude, était très occupée avec d'autres administrés ; il attendait sur la banquette généreusement placée dans le couloir.

Cet épisode à l'amphithéâtre le laissait songeur. Il avait imaginé Denise Bellegarde plus rusée que cela. Espérait-elle vraiment toucher la corde sensible du coupable ? C'était un coup désespéré, une tentative de la dernière chance. Elle cherchait ses brouillons perdus depuis trop longtemps et avait sans doute déjà tout essayé.

Elle n'avait pas voulu lui dire la nature de ces brouillons. Évidemment, Gilles avait très vite pensé à « leur » enveloppe, celle qu'il avait trouvée lui-même dans les rayonnages, ce jour de décembre. Or, cela ne collait pas bien : si Bellegarde était Vestnik, comment son travail avait-il pu passer de sa sacoche laissée sans surveillance à l'espace entre deux dictionnaires ? Et puis, pourquoi Vestnik se prétendrait-il volé, puisque l'enveloppe de fiches avait été remise en place ? Et bel et bien récupérée par Yegoza la fois d'après ?

Ou bien Bellegarde-Vestnik avait été volée par un *premier* voleur qui, dérangé, avait dissimulé son larcin, en catastrophe, parmi les dictionnaires. Voleur *ensuite* volé par Gilles, sans même que l'assistant s'en doute. Et ce qu'ils avaient pris pour une boîte à lettres d'espions, le rayonnage de philologie, n'aurait été qu'une cachette transitoire, bien mal choisie... Mais, et le deuxième lot de fiches, alors ? Comment était-il arrivé là ?

Mais en prenant le raisonnement par un autre bout... que valait donc Denise Bellegarde en tant qu'agent Vestnik ? Était-elle capable de rassembler toutes ces informations privées sur les uns les autres ? Il fallait bien se l'avouer, concernant Gilles en tout cas, elle avait tout à fait pu deviner certaines choses. Joël, son beau-frère, était dans les petits papiers de madame le professeur titulaire. Quant à l'imaginer rédiger des rapports en cyrillique dans le secret de ses nuits...

– Suivant !

Gilles se leva comme un ressort : la place s'était libérée dans le bureau et cette fois-ci, il n'allait pas se faire avoir.

Il pénétra dans le repaire d'Yvette : de tous côtés, des armoires métalliques gris foncé, remplies de boîtes-archives en ordre alphabétique ; au mur, des posters des destinations exotiques de la SNCF, Mimizan, Carnac... ; sur le bureau, une horrible Remington, grise, luisante, indiscutable comme un *Panzer*. De part et d'autre, aussi près qu'on pouvait les placer sans les renverser d'un coup de coude, des régiments de cadres photo, tournés vers la maîtresse des lieux. De biais, Gilles pouvait distinguer des bouilles enfantines, des hommes à la raie impeccable, des femmes en robe à fleurs : toute la petite famille d'Yvette, toute sa troupe de proches ordinaires, tout son conclave de médiocres anonymes.

– Ça ne va pas, ça ne va pas du tout. Vous n'avez pas rempli la section quatre...

Gilles se ressaisit et reporta son attention sur la discussion.

– Justement : je voulais vous demander avant de faire n'importe quoi.

– Ah mais moi, je ne prends que les dossiers complets. Je suis désolée mais je suis désolée.

– Vous ne pouvez pas m'aider ? J'avoue que je m'y perds entre « interruption temporaire de travail », « suspension brève des capacités » et « restriction ponctuelle des compétences ».

– Là, monsieur Schaeffer, c'est à vous de savoir. Vous imaginez si je devais prendre tout ce temps avec chaque personne qui me ramène un formulaire d'accident ?

Gilles eut une bouffée d'humeur : est-ce qu'elle ne prenait pas ce temps, justement, avec tout le monde sauf lui ?

– Yvette… ne me dites pas que vous ne savez pas comment remplir cette feuille ?

Vexée, elle lui reprit des mains le papier et le parcourut en grommelant :

– Très bien… alors ici, vous n'avez pas été assez précis. Qu'est-ce qui vous est arrivé exactement ?

– Je l'ai marqué : un œil poché, une épaule démise, un hématome au coude qui rend difficile…

– Oui, oui, bien sûr. Mais comment vous êtes-vous fait tout cela ? Vous vous êtes bagarré ?

– Non. Enfin oui. Mais ce n'est pas la question.

Yvette débordait d'une ironie mesquine et jouait, du bout des griffes, avec le professeur assistant.

– Vous n'avez qu'à mettre ce que vous voulez, Yvette, d'accord ? De toute façon, ce papier ne sera jamais lu.

– Alors je vais mettre ce que nous avons dit.

Tandis qu'Yvette remplissait ligne par ligne, de son écriture lente, l'interminable document, Gilles fit quelques pas dans la surface réservée aux visiteurs.

Il n'y avait plus guère de place dans l'espace du bureau : la Faculté de Lettres était une très grosse institution, au sein de l'université, enseignant de nombreuses disciplines. Au fur et à mesure que les étudiants, les enseignants se multipliaient, les armoires métalliques, les boîtes-archives colonisaient tous les recoins.

Le professeur passa les doigts sur les alignements de boîtes en carton. « Sa-Si » : son propre dossier se trouvait quelque part là-dedans. Plus haut, plus à droite, celui de Hering. Encore plus haut, dans une autre boîte encore, celui de Bellegarde. Et partout autour de lui, derrière l'anonymat d'un rabat en carton, ceux de ses élèves, de ses collègues… Une tranche de vie à l'université, avec des incursions dans le passé, un avenir en filigrane : une maladie chronique, un handicap, un épisode délirant, une malhonnêteté ; un petit mot de piston, une antisèche confisquée, un compte rendu de conseil de discipline ; des résultats d'examen d'aptitude, des candidatures refusées, des ambitions, des addictions...

Soudain, il les appréhendait pour ce qu'elles étaient, ces boîtes, tout comme une secrétaire pouvait les percevoir : des tranches, des feuilles, des millefeuilles d'informations, bien ordonnées, normalisées, stabilisées ; et prêtes à exploser, à répandre le trouble dans l'existence d'un individu ou d'un groupe.

– Monsieur Schaeffer, s'il vous plaît...

Yvette montrait du menton ses beaux alignements de boîtes. Ses petits yeux pleins de soupçon disaient « pas touche ».

– Oui bien entendu, excusez-moi. Cela m'impressionne toujours. Votre rangement semble parfait.

Elle ne répondit pas, revenue à sa rédaction.

– Au fond, vous en avez souvent besoin, de ces dossiers ?

– Tout le temps.

– Et il arrive qu'on vous demande de les consulter ? Qui donc est habilité à les lire ?

– Peu de monde.

Gilles tendit encore la main, effleura à nouveau les boîtes de son toucher le plus léger.

– Vous êtes la seule à gérer l'archivage ? Vous procédez comment ? Une fois par an ? Tous les mois ?

– Tenez. Il vous reste à signer.

Il prit le formulaire à présent bien rempli, sortit sa plume et signa. D'un seul coup, Yvette avait accéléré la procédure. Il essaya encore de poser des questions : elle l'envoya promener.

– Excusez-moi, monsieur le professeur. Ce n'est pas très intéressant, tout cela. C'est mon métier, je le fais et c'est tout. Vous aviez une autre demande ? J'ai beaucoup de travail...

–Merci, tout est parfait. À bientôt, alors.

–Oui, oui...

Elle se plongea dans un parapheur, en l'ignorant ; Gilles n'eut plus qu'à débarrasser le plancher.

Les archives d'Yvette... Tout en parcourant les couloirs, le professeur s'adressait des reproches : il connaissait l'existence de ces dossiers depuis toujours ! L'agent Vestnik aussi, forcément ; il avait dû y avoir accès. Yvette, la terne Yvette, la déplaisante Yvette se trouvait nécessairement mêlée à l'affaire. Dans le meilleur des cas, elle avait ouvert ses archives à l'agent soviétique, et ceci quelle que soit sa « couverture ». Et dans le pire des cas... la secrétaire n'était autre que Vestnik !

Gilles allait d'un pas résolu, empli d'énergie face à cette hypothèse nouvelle.

Oui, Yvette faisait une Vestnik tout à fait acceptable.

Mais Bellegarde, alors ? Une heure auparavant, même pas, c'est sur elle qu'il aurait placé ses paris !

L'un n'empêchait pas l'autre. Yvette, la maîtresse des archives, le personnage au centre des petites vies étudiantes, pouvait tout à fait être Vestnik, et Bellegarde Yegoza. Un professeur titulaire pour la galerie, une éminence intellectuelle ; et en réalité, un officier traitant, la grande orchestratrice du réseau. Dans ce cas, ce n'est pas en tant que Vestnik qu'elle courait après l'enveloppe de la BNU, mais en tant que Yegoza. Elle ne recherchait pas un objet apporté avec elle, mais un objet qu'elle était venue récupérer.

Il fallait qu'il en parle ! Il fallait qu'il consulte les deux autres, Lena et Vass ! Ils ne pourraient que lui donner raison.

Gilles vérifia sa montre : il avait un peu de temps avant le cours. Le temps de faire un saut au Ivy Mike, de voir si ses comparses n'y traînaient pas.

Il dévala les escaliers, sortit sur la place Brant, s'orienta.

Ne plus jamais fricoter avec ses étudiants... Il avait totalement oublié, déjà, ses bonnes résolutions.

33

Gilles se gara, sans trop de soin, à proximité du local. Il n'avait pas besoin de s'attarder ; juste d'entrer, prendre quelques affaires et repartir. Pour la suite des événements, ils allaient avoir besoin de matériel.

Ils en avaient parlé plusieurs fois, au Ivy Mike. Sa nouvelle théorie avait tout de suite plu à Lena :

– Il faut tenter notre chance, Gilles, je suis d'accord. Si nous montons cette action, nous aurons une bonne possibilité d'identifier Vestnik. Enfin. Tu peux compter sur moi !

Il est vrai que Lena avait depuis le début une dent contre leur enseignante. Quant à Yvette, absolument personne ne l'appréciait. Savoir que les deux espions, Vestnik et Yegoza, étaient en fait des têtes connues, des personnages du quotidien, semblait lui donner des ailes.

Gilles passait le plus de temps possible avec Lena. Ces moments tendres, radieux comme il n'en avait jamais vécu, flottaient autour de lui à chaque instant. C'étaient, d'ailleurs, les heures clandestines passées au Pourtalès qui lui avaient donné l'idée de la planque...

Avec Vass, les échanges s'étaient avérés plus délicats : « Yvette et Bellegarde, vous êtes sérieux ? » Les deux autres auraient pu lui ordonner « Tu viens avec nous et tu ne discutes pas. » Au fond, c'est ainsi que Gilles comme Lena se comportaient avec lui depuis le début. Mais le professeur avait refusé cette facilité.

– Vilmos, Lena et moi, nous avons quelque chose à te proposer. Nous savons que tu as déjà beaucoup risqué, et nous ne t'en voudrons pas si tu refuses.

Leur grosse bagarre remontait à la semaine précédente. Gilles osait à peine regarder le nez de Vass, toujours enturbanné de bande Velpeau. Le pauvre gars promenait le reproche sur son visage... Oui, assurément, Vilmos avait toutes les raisons du monde d'envoyer paître Lena et Gilles.

Il avait accepté.

Gilles ne fit pas attention à la porte déverrouillée, à la lumière allumée. Quelqu'un était déjà présent au local ; un membre de l'association, sans doute.

Il entra dans la pièce et prit sa bouffée habituelle du vieux parfum de camping.

Que faire, alors ? Quelle action entreprendre ? C'était un fait, le trio ne pouvait compter sur personne. Les propositions s'étaient succédées, de plus en plus folles. C'est l'idée de Gilles qui avait surnagé. Ils s'étaient mis d'accord sur des rôles, une date. Et la première étape, les préparatifs, dépendaient du professeur.

– Chéri ? Qu'est-ce que tu fais là ?

Jocelyne venait d'apparaître depuis les entassements du fond de la pièce. Elle avança vers lui, les bras chargés de couvertures. Malgré lui, le jeune homme eut un sursaut.

– Heu, et toi ?

– Je suis venue faire l'inventaire après le camp. Je t'en avais parlé. Et toi ? Tu ne devais pas être en cours ?

– Je suis venu... je suis venu t'aider, ce n'était pas convenu ?

Joce flanqua par terre les couvertures. Elle marcha vers Gilles, furieuse :

– Gilles Schaeffer, tu commences à me courir ! En plus, tu mens très mal ! Je te laisse cinq secondes pour t'expliquer ! Et je te conseille de cesser immédiatement de mentir !

– Eh bien… c'est pour un ami qui va être obligé de… passer une nuit à l'extérieur. Monter la garde. On a du bon matériel, ici. Je voulais juste emprunter quelques petites choses, pour trois ou quatre nuits.

– Gilles ! Dernière chance !

L'intéressé soupira et baissa la tête, vaincu.

– Bon, très bien. En réalité, c'est pour moi. Et pour deux camarades. Des étudiants, je veux dire.

– Cette petite traînée polonaise ?

– Lena, oui. Et Vass. Ce n'est pas du tout ce que tu imagines.

– Eh bien vas-y. Dis-moi ce que ne je n'imagine pas.

Gilles lui fit le récit de toute l'affaire ; de tout ce qu'il pouvait raconter : la découverte à la BNU, la nuit sur la tour Valentin-Sorg ; Vestnik et Yegoza ; et sa récente hypothèse sur la secrétaire et le professeur titulaire. Joce l'écouta dans un silence glacial. Il s'efforça de ne pas la regarder, pour ne pas perdre le peu d'assurance qu'il avait.

Il faillit avouer sa liaison avec Lena mais n'en fit rien : ce qu'il livrait était déjà beaucoup, on pouvait bien lui laisser sa petite histoire tendre…

Le silence qui suivit son récit fut de la même qualité : glacé, absolu. Gilles se demanda presque s'il n'était pas censé s'en aller. Puis son épouse parla, sur un ton tellement bas, tellement neutre qu'il dut tendre l'oreille pour l'entendre.

– Tu sais ce que je vois, Gilles ? Je vois un homme pour lequel je dépense toute mon énergie, pour lequel je sacrifie tout. Un homme qui m'a épousé un jour, qui m'a confié sa destinée et à qui j'ai confié la mienne. Et cet homme, cet homme sur qui tant de choses reposent, la carrière, Paris, cet homme, je le vois traîner avec deux gamins inconséquents et délirants. Je le vois faire la java avec eux.

–Joce, tu te trompes, ce ne sont pas...

–Écoute-moi, Gilles. Nous sommes dans un monde compliqué, un monde aux règles compliquées. Si l'on veut monter dans cette société, si l'on veut atteindre une bonne position en tant que femme, il faut un homme. Il faut atteler un homme à son char. Lorsque nous nous sommes dits oui il y a quelques années, Gilles Schaeffer, lorsque nous avons signé un contrat tous les deux, c'est aussi cela que nous avons signé. Je pensais que les choses étaient claires pour toi comme elles l'étaient pour moi. Je t'ai offert mon soutien, mes amis, mon argent, mon corps, Gilles Schaeffer. Ma famille, Joël, s'est engagé pour toi. Tu crois qu'il impose ses souhaits autour de lui avec facilité mais ce n'est pas vrai, Gilles. Lui aussi se bat sans arrêt pour lui, pour toi. Et en retour, le jour de notre mariage, tu as signé toi aussi. Tu m'as offert ton nom, ta personne, ton image pour que j'en fasse quelque chose de formidable. Pour que je te façonne, pour que je fasse un homme de ta glaise.

Ici, Jocelyne fixa Gilles au fond des yeux ; il vit en elle une froideur totale.

–Voilà pourquoi tu vas cesser tout cela, Gilles Schaeffer. Tu vas rompre avec ces deux idiots. Tu vas oublier ces histoires d'espionnage. Je vais te surveiller, tu peux compter sur moi. Tu vas redevenir un bon petit professeur assistant, dédié à sa carrière et à sa chère épouse.

La jeune femme se leva et tout en finissant son discours, se rapprocha de son mari. Machinalement, elle lui lissa le revers du veston, redressa sa cravate, et ces petits gestes étaient plus violents que des coups. Et d'un filet de voix, qui hurlait de menaces, elle acheva :

–C'est terminé, Gilles. Tu m'as compris ? C'est terminé.

34

Il était reparti bouleversé. Il n'avait même pas songé à répondre, à se défendre. Comment se défendre contre un mur ? Jamais Gilles n'aurait imaginé ce qui passait par la tête de Jocelyne. Et son point de vue était inattaquable. Elle ne le croyait pas pour les fiches, pour l'espion ! Mais il les avait vues, ces foutus fiches, il ne les avait pas inventées !

Il en oubliait presque la vexation éprouvée en apprenant ce qu'il représentait pour elle... Et puis il repensait à ses paroles et la vexation, de nouveau, lui sautait à la gorge.

Yvette lui avait laissé un mot : Gilles devait repasser au bureau 106, quelque chose n'allait pas avec son formulaire.

La secrétaire ne se trouvait pas seule. Il reconnut les voix des deux femmes à travers la porte : elle avait justement une petite affaire avec Bellegarde. Tiens tiens.... Il s'assit en douceur sur la banquette, écouta sans vergogne.

– Je cherche, je cherche, madame.

– Vous feriez mieux de trouver. Je n'ai pas toute la journée.

– Mais il devrait être là, votre dossier ! On a encore fouillé dans mes archives ! J'en suis persuadée maintenant, quelqu'un profite de mes absences pour venir ici et tout retourner ! Je suis désolée mais je suis désolée.

– Et vous n'êtes pas fichue de fermer à clef derrière vous ?

– Je vous jure que si ! Mais regardez la serrure, regardez la porte : il faudrait remplacer tout ça. Je demande depuis des années plus de sécurité, on me dit merci-au revoir, et voilà ce qui arrive.

– Bon, très bien, n'en faites pas toute une maladie. Je repasserai, cela vous laisse le temps de chercher.

Gilles appuya la tête contre le mur dans son dos. Pourquoi cette scène ? Si Yvette était une espionne, irait-elle signaler aussi franchement ses propres vols d'informations ? Et surtout à sa complice Bellegarde, si Bellegarde était Yegoza ?

Il fallait qu'il prévienne les deux autres : le projet de planque était-il encore judicieux ? Si Yvette n'avait rien à voir avec le réseau d'espions russes, ils montaient toute leur action pour rien.

Cependant, des dossiers personnels disparaissaient. Quelqu'un venait se servir dans les boîtes-archive du secrétariat. Vestnik s'introduisait à l'administration quand la gardienne des dossiers n'était pas là.

Oui... au fond, ceci venait encore renforcer leur hypothèse : le bureau d'Yvette jouait un rôle indispensable dans toute l'opération.

Le professeur fit un calcul rapide : ils avaient estimé que Vestnik déposerait, en tout, vingt à vingt-cinq enveloppes, à raison de dix fiches par enveloppe environ. Si l'espion faisait un dépôt par semaine, ce qui semblait être le cas, et vu qu'on était fin mars, à 10 semaines de la fin des cours, il lui restait une centaine de dossiers à voler et à résumer...

Lorsque les cours seraient finis, tout resterait bouclé pour des semaines. Si Gilles avait été Vestnik, il aurait profité du restant de l'année universitaire pour rédiger ses dernières fiches, plier les tentes et disparaître. Ainsi, chaque jour que l'espion passait en toute impunité augmentait ses chances de réussite finale.

Gilles se leva, abandonna son attente. Il devait retrouver les autres. Il n'y avait plus de temps à perdre.

Partie 5

AVEUX

35

Il avait bien fallu prévenir Joce de son absence pour la nuit. « Une réunion pédagogique au ministère. Je serai de retour demain... » Son épouse était en plein dans le « briefing de semaine » de Philomène : elle avait acquiescé lointainement.

Dans l'après-midi, Gilles avait fait un saut au local, rempli trois sacs de tout ce qu'il pensait nécessaire. Heureusement, cette fois, aucun des membres de l'équipe n'avait eu la mauvaise idée de passer pendant qu'il s'y trouvait.

Il se sentait comme un gamin sur le point d'accomplir une énorme bêtise. Il allait entreprendre, très exactement, ce que son épouse lui avait défendu. Mais tout ceci était trop grave. Jocelyne ne le croyait pas, c'était une chose. Mais il avait raison, il le sentait. Il avait tellement joué au chat et à la souris, avec Vestnik, qu'il pouvait sentir très nettement le piège se refermer sur l'espion.

Il allait mettre fin à ce cauchemar, aider de toutes ses forces à abattre le réseau. Ensuite de quoi, il reviendrait au foyer conjugal pour toujours ; il deviendrait, tout comme Jocelyne le désirait, sans plus aucune arrière-pensée, son instrument. Il lui devait bien ça.

Mais après.

Gilles se gara rue Goethe, à une cinquantaine de mètres du palais U. Il choisit une place à mi-chemin de deux becs de gaz, plongée dans l'ombre d'un grand arbre. Lena et Vilmos sortirent de la nuit.

Sans un mot, chacun empoigna un sac et se porta d'un pas soutenu vers l'édifice. Ils trottinèrent dans la nuit, longèrent les buissons au pied de la façade nord-est.

Là, quelques mois plus tôt, on avait retrouvé Célice assassiné.

Gilles dépassa l'endroit, les dents serrées.

Ils gagnèrent rapidement une porte secondaire. La Polonaise se tenait prête à crocheter une serrure. Elle avait fini par admettre posséder ce talent.

Cependant, ils arrivèrent encore avant le verrouillage des portes pour la nuit. Ils pénétrèrent sans encombre dans les locaux.

Ils écoutèrent longuement. Plus un pas, plus aucun éclat de voix : les derniers professeurs étaient rentrés chez eux. Juste la rumeur lointaine d'un transistor : l'appariteur attendait le moment de faire sa dernière ronde avant de tout boucler.

Ils empruntèrent l'escalier le plus proche et débouchèrent dans le couloir de l'étage, juste à la frange de la zone d'administration. À la file indienne, chargés de ballots, ils se faufilèrent dans la salle de classe qu'ils avaient choisie sur le plan. En face, quelques mètres sur la droite, la banquette de patience et la porte du bureau d'Yvette.

Tandis que les deux étudiants dissimulaient les affaires dans un angle hors de vue de l'entrée, Gilles repassa dans le corridor pour monter la garde. Il y aurait sans doute un petit jeu de cache-cache avec l'appariteur. Ils étaient prêts.

Tout près de lui, la porte du bureau de Bellegarde s'ouvrit. Avant qu'il ait pu réagir, l'enseignante sortit dans le couloir !

Elle retira ses larges lunettes, lissa le pli de son pantalon fuseau, observa Gilles sous le nez :

– Schaeffer ? Qu'est-ce que vous fabriquez ici ? Vous n'avez pas cours le mardi, que je sache ?

La tuile ! Qu'est-ce qu'elle fabriquait ici, la vieille ?

Tout en lui répondant, Gilles se déporta pour bien masquer la porte dans son dos.

– Ah, euh, bonsoir, madame Bellegarde. Je ne pensais pas vous croiser non plus.

L'enseignante allait répliquer, mais on entendit nettement un bruit dans le dos de Gilles. Un raclement, une table déplacée.

– Vous n'êtes pas seul, Schaeffer ? Qui d'autre est avec vous ?

Denise Bellegarde poussa la porte, d'autorité, et avança le cou à l'intérieur.

– Ah, je vois ! Le trio au complet !

Elle entra dans la pièce ; Gilles fut bien obligé de la suivre.

– Ne tirez pas cette tête-là, Schaeffer. Vous pouvez bien passer du temps avec qui vous voulez, ce n'est pas moi qui vais vous dénoncer. Nous avons tous nos petits secrets, n'est-ce pas ?

L'enseignante fit les cent pas, occupa l'espace plongé dans la pénombre, comme si elle était en plein cours. Manifestement, elle ne pouvait s'en empêcher.

– Après tout, c'est aussi bien… Puisque nous sommes réunis tous les quatre… entre les principaux intéressés, je dirais… je voulais… m'excuser. Pour le jour de l'examen. C'était… indigne de moi. Je ne sais pas ce qui m'a pris. J'ai beaucoup d'estime pour vous autres, les transfuges de l'Est.

Gilles connaissait Bellegarde : cette tirade devait lui coûter. Elle cherchait avec inquiétude l'approbation sur leur visage. Le jeune professeur ne savait pas quoi répondre ; les autres non plus, manifestement. Elle reprit donc :

– On ne peut pas le nier, il existe un lien particulier entre vous trois. Vass, Katowicz, vous n'êtes pas comme les autres étudiants du Pourtalès. Et vous, Schaeffer, on vous voit sans arrêt fourré avec ces deux-là. Je me dis... je me dis que quelque chose vous rassemble, vous *tient ensemble*. Oui, voilà. Vous partagez quelque chose. Un gros secret. Et même... un secret qui vous dépasse.

– Madame le professeur, commença Gilles, je vous assure que...

– Laissez tomber les mots ronflants, mon vieux. Je ne suis pas que votre supérieure, Schaeffer. Je suis aussi votre amie ; n'est-ce pas ?

L'enseignante parcourait la longueur de la pièce. On entendait ses pas, le parquet qui craquait. On la voyait apparaître et disparaître, selon qu'elle passait devant une fenêtre ou dans un intervalle obscur.

– Vous ne dites rien ? Je sais que je ne me comporte pas très bien avec mes étudiants, mes collaborateurs. Je... vous devez comprendre... : les femmes qui ont un poste comme le mien, en France, on les compte sur les doigts d'une seule main. Je dois, et je veux être un modèle ; une référence pour toutes celles qui voudraient enseigner. Je veux que tout ce qui vient de moi soit parfait. Voilà pour moi. Mais j'ai beaucoup d'affection pour vous, Gilles, malgré vos âneries. Et de l'admiration pour vous aussi, les étudiants. Il a dû en falloir, du cran, pour partir de chez vous. En plus, en classe, vous êtes brillants.

Denise Bellegarde se rapprocha du trio.

– Je suis votre amie ; votre alliée, si vous préférez. Alors... si je peux vous aider, dites-le-moi.

Gilles, Vilmos et Lena se regardèrent. Ce fut Lena qui parla :

–Pourquoi pas ? Mais commencez par nous dire ce que vous faites ici, ce soir.

Bellegarde sourit tristement mais ne répondit rien. La jeune Polonaise enchaîna :

–Autre chose, alors : pourquoi vous nous avez monté ce pataquès le jour de l'examen ? Nous avons tous deviné que vous n'avez pas perdu des sujets d'examen. Alors quoi ? Que vous a-t-on volé ?

Bellegarde dodelina de la tête, embarrassée :

–Je ne peux pas le dire non plus.

Voyant que le trio se renfermait, elle ajouta très vite :

–Demandez-moi autre chose. Ce petit épisode n'en vaut pas la peine, bon sang ! Demandez-moi autre chose...

Elle ne reçut que le silence. Quelques instants plus tôt, Gilles lui aurait bien déballé toute l'affaire Vestnik. Tout comme il l'avait fait, bêtement, devant Burnham, devant Jocelyne. Mais la vieille bique leur faisait des mystères ? Il n'avait guère envie de jouer cartes sur table avec elle.

Elle essaya Lena : la fille lui renvoya une mine si insolente qu'on aurait eu envie de la gifler.

Elle interpella le plus tendre, Vass, tenta de l'émouvoir. Gilles espéra qu'il tiendrait bon. Le Magicien sourit à l'enseignante... et resta silencieux.

Quelque part dans la bâtisse, une pendule de bureau sonna l'heure. Quelques notes cristallines, les trois quarts d'heure d'un carillon Westminster. Denise Bellegarde soupira.

–Bien... réfléchissez tout de même. Si vous avez besoin de me parler, vous savez où me trouver.

Ce n'était plus un professeur titulaire, une femme de tête, qui résistait tel un roc aux hommes et au temps. C'était une vieille femme épuisée.

Elle tourna les talons, vaincue.

36

Une fois l'enseignante partie, le trio éteignit les lumières et tendit l'oreille.

Au bout d'une dizaine de minutes, un pas de gros souliers résonna dans les couloirs. Gilles, Vilmos et Lena connaissaient parfaitement les lieux. Ils partirent en avance sur les pas. Le veilleur ne se foulait pas trop : il ouvrait une porte après l'autre, actionnait l'interrupteur, jetait un coup d'œil, éteignait et passait à la pièce suivante.

En jouant avec les étages et les divers escaliers, en évitant de marcher sur les sols les plus bruyants, ils contournèrent sa ronde et revinrent se cacher dans la pièce choisie.

À 23 heures, les grandes portes d'entrée claquèrent au rez-de-chaussée. L'écho du choc résonna un moment dans l'édifice. Puis tout se tut. Ils étaient enfermés au Palais universitaire.

Ils attendirent encore un peu puis s'en allèrent dans les couloirs. Ils avaient chacun leur plan de patrouille. Gilles leur avait fourni des lampes Wonder et des piles neuves. Ils assourdirent leur éclat en les enroulant dans un mouchoir, et veillèrent à bien garder le faisceau vers le sol.

Gilles explorait doucement sa portion de bâtiment. Il marchait avec lenteur, les oreilles grand ouvertes. Il refit avec soin les mêmes observations que l'appariteur.

Après un bon quart d'heure, ils se retrouvèrent dans l'aula.

– Personne de mon côté, fit Vilmos.

– Chez moi non plus, reprit Lena.

Gilles secoua la tête : rien durant sa patrouille. Ils étaient seuls.

Revenus dans la salle de cours, ils déroulèrent les tapis de sol, les « sacs à viande ».

Ils s'assirent en petit cercle et se sourirent, les yeux brillant dans la pénombre. Pour le moment, aucun d'entre eux n'avait envie de dormir. Le temps des tours de garde viendrait plus tard. L'emplacement était parfait : à tout instant de la nuit, si quelqu'un venait se servir au secrétariat tout proche, ils l'entendraient.

Est-ce qu'il avait bien fait ? Gilles se posa pour la millième fois la question. Mais il tenait du concret ! Quelqu'un volait les dossiers d'Yvette. Cela ne pouvait pas se faire dans la journée : elle veillait sur ses boîtes comme un cerbère ! Le voleur devait nécessairement œuvrer la nuit !

Vestnik allait venir, Vestnik devait venir. Il était peut-être déjà là, plus discret que le trio. Peut-être qu'il les observait en ricanant depuis le coin le plus obscur de la salle. Gilles se retenait d'aller voir, de vérifier. Il savait que c'était du délire. Il ne devait pas laisser prise aux illusions, à la paranoïa. Le réel suffisait.

Dehors, une voiture bruyante traversa la place ; puis stoppa, fit un créneau. Vilmos se leva en frissonnant et s'approcha de la fenêtre. Il revint en secouant la tête :

– Un couple qui rentre chez soi. Ils sont déjà partis vers l'allée de la Robertsau.

Puis un parquet craqua dans la salle voisine. C'est Gilles qui se dévoua. Avec un tas de précautions, il alluma sa lampe, sortit et alla vérifier.

– Rien là-bas. Le parquet travaillait, voilà tout.

Plus tard, c'est Lena qui dressa un doigt en l'air :

– J'entends quelque chose ; pas vous ? On dirait... on dirait que quelqu'un tape à la machine.

Cette fois, ils se déplacèrent ensemble. Pour découvrir encore une fois un bureau désert. Un gros radiateur à inertie refroidissait en cliquetant...

Ils se regardèrent à la dérobée, puis plus franchement. Vilmos gloussa. Lena repoussa ses cheveux dans sa nuque, détourna le regard, pouffa. Gilles éclata de rire. Et voilà qu'ils étaient tous les trois à s'esclaffer dans la pièce vide, à se montrer un radiateur et à ricaner de plus belle...

Gilles ressentait à nouveau le bonheur de rire, de faire des bêtises, des choses sans rime ni raison. Comme les autres fois avec la bande des Vitch, avec le Magicien, avec cette fille qui savait si bien l'embrasser et s'enrouler à son corps. La liberté, comme toujours avec eux.

La jeune Polonaise, assise par terre, adossée à une table, chuchotait :

– De toute façon, il finira bien par tomber. C'est ce qui arrive à tous les espions. Qu'est-ce que vous ferez, vous, après ?

Ils s'étaient arrangé trois petits nids avec leurs sacs de couchage et des tables de cours. Depuis trois heures, ils guettaient. Pour un parquet qui craque, un carreau qui tremble, ils ne se déplaçaient même plus. Si Vestnik voulait se montrer, c'était le bon moment : Gilles, Vilmos et Lena bavardaient tous les trois et n'avaient plus aucune envie de se déranger pour un intrus, fût-ce Ivan Serov, le chef du KGB en personne.

– Comment cela, « ce que nous ferons » ? répondit Gilles d'une voix ensommeillée.

– Eh bien chez moi, reprit Lena, Vestnik aura changé quelque chose. S'il n'y avait pas eu tout cela, je ne t'aurais pas rencontré, Gilles. (Vilmos, qui ne dormait pas, s'agita dans son sac de couchage) Et toi aussi Vilmos, bien sûr. Gilles, tu serais resté pour moi un petit professeur. Nous n'aurions pas formé notre groupe, pas vrai ?

Les deux garçons restèrent silencieux, réfléchissant aux implications de cette idée.

–Je me trompe peut-être, mais je me dis que cette affaire nous aura forgé. Qu'avec tout cela, notre avenir ne sera pas celui qui nous était prévu.

–Moi, renchérit Vilmos, mon avenir ne m'intéresse pas. Navré pour toi, Lena, mais il ne m'intéresse pas.

–Comment peux-tu dire ça ? répondit le professeur. D'accord, tu pars avec des handicaps, un passé lourd, difficile à oublier. Mais ton avenir, tu dois t'en emparer, le faire tien. Lui porter un regard positif, ne pas te décourager. Tout le monde a des projets, toi aussi, forcément.

–Et revoilà le professeur qui nous donne sa leçon de libéralisme... railla la Polonaise.

–Et c'est mal ?

–Disons... (la jeune fille s'étira et bailla avant de poursuivre) disons que ce n'est plus une heure raisonnable pour la politique. Je suis partie de chez moi parce que je ne supportais plus les rengaines soviétiques. Ce n'est pas pour me mettre à chanter les chansonnettes libérales. Plus je regarde à l'est, plus je me sens occidentale. Et plus je regarde à l'ouest... plus je me sens de l'Est. Alors Gilles, tu tiens vraiment à parler politique avec moi ?

Katowicz marqua une pause et reprit :

–Mais toi, tiens, comment tu le vois, ton avenir ? J'ai l'impression qu'il est le plus lisible de nous trois, non ?

–Honnêtement, je ne sais plus trop. Les choses bougent dans le reste de ma vie aussi...

–Tu ne veux plus devenir professeur titulaire ? demanda Vilmos. Tu es sur la voie royale, pourtant.

–Oui, bien sûr...

–Et toi, Vilmos ? reprit Lena. Tu n'as pas répondu. Un jour, l'affaire Vestnik ne sera plus qu'un souvenir. Nos études seront devenues notre passé, notre légende intime. À quoi ressemblera-t-il, le Vilmos Vass de trente ans, de trente-cinq ans ?

– Je ne sais pas, je ne sais sincèrement pas.

Gilles lui donna une bourrade à l'aveuglette :

– Alors quoi, le Magicien ? Tu nous inventais des plans d'avenir en rafale et maintenant tu n'as plus une seule idée en réserve ?

– Justement. C'est parce que je n'ai pas d'idée que je raconte n'importe quoi. Parce que je ne veux pas me projeter. À quoi ressemblera notre monde dans dix ans, dans cinq ans, même ? Avec la guerre finale qui menace partout...

– Encore ça ? coupa la Polonaise avec agacement. Vous m'embêtez avec vos armes nucléaires. Ce sont juste des explosifs nouveaux, pour nettoyer les champs de bataille. Pour finir les guerres plus vite.

– Pense ce que tu veux, Lena. Mais Gilles sait, lui. Il a senti les choses comme moi. L'avenir ne m'intéresse pas, parce qu'il ne se connaît pas lui-même. Aujourd'hui moins que jamais. Ce que je veux, c'est goûter autant que je peux le monde d'aujourd'hui, la beauté et la paix. M'en mettre plein les yeux. Me faire une réserve de beaux souvenirs pour plus tard, quand il n'y aura plus rien. C'est pour cela que je suis heureux de vivre cette année avec vous, les amis. L'espion russe n'a pas beaucoup d'importance. Ce qui compte, c'est d'être avec vous et de m'en rappeler ensuite toute ma vie, même si celle-ci devient plus tard invivable.

– Ah, ta gueule, Vilmos...

La Polonaise avait lâché la phrase rituelle, mais cette fois-ci d'une voix tendre, sans aucune méchanceté. Gilles se sentait dans la même sorte d'humeur : Vilmos était un copain, un vrai ; il regrettait d'avoir été si vache avec lui.

Le Hongrois s'ébroua d'un seul coup :

– Vous savez quoi ? Il y a quelque chose qui me pèse. Cette arme que je gardais par trouille. Je n'en peux plus.

Puisque vous êtes si confiants dans l'avenir, je peux bien faire un geste moi aussi.

L'étudiant se tortilla dans son sac et, soudain, ils le virent briller aux lueurs qui venaient de la rue : le pistolet. Le pistolet soviétique.

Gilles se recula malgré lui :

– Que veux-tu faire encore avec ce truc ?

– Vous allez voir...

Vass batailla un moment avec son sac à viande et réussit à s'en extraire. Il traversa la salle au jugé, dans le noir, et sortit dans le corridor.

– Qu'est-ce qu'il fabrique, Lena ? On devrait aller avec lui.

Ils sortirent eux aussi de leur sac. Au moment où ils quittaient la pièce à leur tour, on entendit un grand fracas métallique au rez-de-chaussée. Ils partirent au pas de course, et rejoignirent Vass qui remontait déjà l'escalier.

– Mais qu'est-ce que tu fous, bon sang ! On est censés être discrets, pauvre nouille !

Vass souriait, libéré :

– Pardon, Lena. Il fallait que je le fasse. Le Tokarev, je l'ai balancé.

– Pardon ? s'étrangla Gilles. Et où ça ?

– Dans le gros vase en pierre, là en bas. Une bonne chose de faite.

37

Ils se réveillèrent tous les trois en sursaut. Le soleil, à l'extérieur, rendait doucement ses couleurs à la ville. Gilles pensa d'abord que l'aube l'avait tiré du sommeil. Il s'insulta à voix basse : il s'était endormi durant son tour de garde !

Mais de petits bruits provenaient du couloir. Des pas nerveux, des chaussures fines. Il échangea un regard avec ses deux acolytes : il y avait quelqu'un dans le bureau 106. On y était !

Il se remit sur ses pieds, encore vaseux. Il lui sembla que la ville entière entendait craquer ses jointures. Mais tout allait bien : le petit manège confiant se poursuivait sans une interruption dans la pièce voisine.

On referma la porte, on piétina un instant dans le corridor, le temps de tourner une clé dans la serrure.

Gilles s'approcha de l'entrée de la salle, entrebâilla sa propre porte tandis que les deux autres, derrière lui, se préparaient en silence.

Dans le couloir, elle s'éloignait déjà, portant sous le bras une épaisse chemise cartonnée : Denise Bellegarde.

Elle arrivait droit vers lui. Gilles recula dans la salle et referma en douceur le vantail. L'avait-elle vu ? Ils entendirent son pas sec approcher... puis s'éloigner dans la suite du couloir.

Elle descendait les escaliers.

Gilles fit signe aux deux autres de le suivre :

– Elle s'en va... dépêchons nous.

– Qui ça, « elle » ? interrogea Vass, encore barbouillé de sommeil.

Lena n'ajouta rien. Retranchée derrière ses cheveux et son demi-sourire, elle avait déjà compris.

Le professeur titulaire marchait à toute vitesse. Elle paraissait en pleine forme, contrairement à eux trois. Ils durent se surpasser pour ne pas la perdre de vue dans les couloirs du rez-de-chaussée puis, une fois la porte de service franchie, parmi les stationnements de la place Brant.

– Attendez, il faut que j'y retourne !

Denise Bellegarde trotta vers son auto. Gilles l'avait déjà vue : une Panhard Scarlette de l'année 53. Gilles se tourna vers le Hongrois.

– Quoi encore ?

– Le Tokarev ! Je vais le rechercher ! On va en avoir besoin !

– Cela veut dire descendre dans l'urne ! Je viens t'aider, ajouta Lena.

Gilles trépigna sur le parking :

– Et puis quoi encore ? Vous croyez que c'est le moment ? Vous venez avec moi *maintenant* ou je vous abandonne ici !

Alors qu'ils étaient tous à bord de la 2 CV, ils cherchèrent des yeux la Scarlette.

La voiture de Bellegarde, déjà loin sur les quais, tourna à un feu tricolore.

– Mais accélère, bon sang, Gilles, on ne la voit plus !

– Du calme, Vilmos, tempéra la Polonaise. Il n'y a pas de trafic. S'il la colle, elle comprendra tout de suite. On ne risque pas de la perdre, ne t'en fais pas.

Ce fut comme elle disait. De carrefour en carrefour, de feu en bifurcation, Gilles perdait de vue puis retrouvait la Scarlette.

Elle ne roula pas bien loin : elle remonta l'avenue de la Forêt-Noire en direction du Rhin mais elle tourna avant, à gauche, vers le nord et le quartier des XV.

Ils s'engagèrent dans les rues de l'îlot provisoire. Les immeubles XIXe avaient brutalement laissé place à des baraques en planches. Des haies cachaient parfois la vue, mais la plupart du temps on remarquait, adossées aux maisons, des cages à poules, des chèvres au piquet qui broutaient la mauvaise herbe.

Le trio scrutait chaque ruelle sur la gauche et la droite, à la recherche de la Scarlette. Qu'est-ce que Bellegarde venait faire là, au milieu des bicoques ? Ici, on logeait les déclassés, les travailleurs pauvres qui avaient perdu leur appartement durant la guerre. Des voix s'élevaient pour construire des logements plus décents ; on trouvait les mêmes dans toutes les grandes villes. Un prêtre avait même lancé, sur les ondes, un appel de solidarité à la fin de l'année passée. Mais pour l'instant, les baraques restaient debout, et quelque part ici se cachait le complice de Bellegarde.

–Ici ! À droite !

Vass pointait du doigt un petit groupe de préfabriqués. Un atelier ou une industrie. La Scarlette était garée à l'intérieur de sa cour.

Gilles ne ralentit pas et amena sa 2 CV juste hors de vue, dans une rue à angle droit. Ils s'arrêtèrent, descendirent avec des gestes de Sioux et s'approchèrent de l'édifice en retenant leur souffle.

Lena avançait devant eux de sa démarche souple. Ses cheveux dansaient dans son dos comme une flamme. L'urgence, l'action la rendaient magnifique...

Gilles avait bien compris que Vass s'intéressait à elle, lui aussi. Plus qu'à toutes celles qui se pâmaient devant lui. Il était peut-être temps de régler cela, alors qu'ils allaient liquider l'affaire Vestnik... Laisser faire la nature ; les jeunes aller avec les jeunes. Oui, il céderait la place au Hongrois. C'était la chose à faire. Ce que ferait un chic type.

Ils distinguaient très bien, à présent ce qui se déroulait dans la cour d'atelier. Deux ouvriers en salopette finissaient de charger le coffre de l'auto. Denise Bellegarde discutait avec un contremaître. Elle lui mit sa chemise dans les mains.

Le bâtiment portait inscrit en grandes lettres noires « Imprimerie Laugel ». Des imprimeurs ! Pour Gilles, tout était clair à présent : les ouvriers imprimeurs avaient tous leur carte au Parti, on le savait bien ! Bellegarde était un agent soviétique, la preuve se trouvait là ! Et comme la boîte aux lettres de la BNU ne pouvait plus servir, elle était venue apporter en personne ses dernières fiches aux camarades...

38

La discussion entre l'enseignante et le contremaître se prolongea. Il ouvrit la chemise, jeta un œil à quelques pages et fit signe à Bellegarde de le suivre. L'un et l'autre disparurent dans les bureaux. Les ouvriers repartirent à leurs machines. Ne restait que la Scarlette à l'arrêt dans la cour, la malle arrière laissée ouverte.

– On y va ? fit Gilles en désignant la scène du menton.

Vilmos eut une hésitation, puis se ressaisit et partit en avant.

– Mais pourquoi ? demanda la jeune Polonaise. Nous avons tout ce qu'il nous fallait. Nous allons nous faire prendre !

– On va s'approcher en douceur, voir ce qu'ils ont chargé dans la voiture. Vite !

Comme Lena traînait les pieds, Gilles fit une pause, lui prit les mains et la regarda au fond des yeux :

– Nous n'avons pas accompli tout cela pour rien, Lena. Fais-nous confiance. Cette fois, c'est la bonne !

Mais l'étudiante eut un geste de dénégation :

– Sans moi, les garçons. Il y a une différence entre prendre des risques et faire n'importe quoi. J'attends ici.

Gilles haussa les épaules et partit rejoindre Vass.

Ils temporisèrent le long d'un baraquement en tôle. On entendait des bribes de phrases de Bellegarde et de son interlocuteur, mais pas assez pour les comprendre.

– Que fait Lena ? Elle ne vient pas ?

– Petite baisse de courage. Ça peut se comprendre.

Le Hongrois approuva distraitement.

– Pendant que nous ne sommes que tous les deux, je voulais te dire...

– Écoute, Vilmos, à propos de Lena...

Ils se regardèrent. Ils avaient parlé en même temps.

– Eh bien, Lena ? demanda Vilmos.

Gilles allait avouer à l'étudiant qu'il avait couché avec elle. Mais la coïncidence de parole avait de quoi faire réfléchir : est-ce que Vass n'avait pas le même genre d'aveu à lui faire ? ... Est-ce que Lena était ce genre de fille ?

– Alors, que voulais-tu me dire, monsieur le professeur ?

– On n'a pas le temps. Plus tard. Viens.

Gilles, plié en deux, s'approcha du bâtiment de bureaux ou Bellegarde était entrée. De l'intérieur, on entendait gronder les machines.

Il glissa machinalement les yeux sur le coffre de la Scarlette.

Ce n'était pas possible.

Il s'approcha de la voiture sans plus aucune précaution, sans écouter les protestations chuchotées du Magicien.

La faculté des plaisirs, par Guillemette Lappliquée-Alétude.

Qu'est-ce que ce livre foutait dans la voiture de Bellegarde ? Et par cartons entiers ?

– Oh-oh, la vieille Bellegarde est l'auteur de ce truc ?

Vass avait rejoint le professeur et commentait malgré lui cette découverte.

Alors... ce n'était pas du tout les fiches de Vestnik qu'elle cherchait, qu'elle avait perdues à la bibliothèque... Un manuscrit, peut-être, ou des brouillons, des notes.

– Je n'arrive pas à le croire...

– Vous manquez d'imagination, Schaeffer.

Vilmos et Gilles se retournèrent brusquement. Denise Bellegarde les toisait, poings sur les hanches, entourée de quelques ouvriers.

Vilmos fit un pas en arrière en levant les paumes vers l'enseignante :

– Écoutez, nous ne voulions surtout pas...

– Qu'est-ce que vous foutez là, Schaeffer ? Vous m'avez suivie ?

Gilles sentait fortement la moutarde lui chatouiller les narines. Denise Bellegarde, le professeur titulaire, sa supérieure, son mentor, son modèle, qui se disait même son amie, elle écrivait ce... cette... pornographie ! Il se sentait trahi, croché à terre par surprise.

Sans compter qu'il s'avouait, au fond de lui, bien idiot, bien stupide d'avoir imaginé la vieille femme en espionne... Passer une nuit blanche au palais U, se lancer dans une filature dans Strasbourg, et pour constater cela : les petites manies érotiques d'une bonne femme ?

– Eh bien oui, nous vous avons suivie. Nous voulions savoir. Et nous ne sommes pas déçus !

– Ah oui ? Cela vous plaît ? (Elle le questionnait d'une voir rogue, mordante) Vous avez satisfait votre manie de voyeur ? Dites-moi, Gilles, quand est-ce que vous allez vous faire soigner ? Il y a de la place pour vous à Brumath !

– Mais c'est vous qui devriez y être, nom de Dieu ! Il y a de quoi vous y envoyer ! Vous vous rendez compte de ce que vous écrivez ? Vous êtes indigne, oui, absolument indigne du titre de professeur ! Et ces... choses... tombent dans les mains de notre jeunesse !

Les ouvriers n'aimaient pas les éclats de voix. Ils se regardèrent, interrogèrent leur cliente du regard. Est-ce qu'il fallait casser des figures ?

Mais Bellegarde était hors d'elle et n'avait pas besoin de soutien :

– Enfin, quand est-ce que vous allez grandir, triste con ! Vous êtes un gamin, un bambin coincé dans l'enfance, qui voudrait que le monde entier lui ressemble ! Partout où je me tourne, je ne vois que des gens comme vous ! Des cancrelats qui se cachent sous chaque pierre, qui fuient à tout prix la politique, le désir, la folie ! Avec votre pseudo-attitude amicale, sympathique, vous me faites vomir... Vous êtes une jeunesse merdique, permettez-moi de vous le dire ! Ouvrez les yeux, Gilles Schaeffer, espèce d'abruti : notre époque est riche, elle est dense, elle est grave. Si vous n'assumez pas cela, vous le subirez. Vous en souffrirez. Notre monde, ce n'est pas celui des chics types et du lait-fraise, c'est celui de la mort et du sexe ; aujourd'hui comme hier ; aujourd'hui comme jamais !

La vieille femme piétinait la terre battue, levant les bras au ciel. Elle était à présent furieuse, et même les ouvriers lui faisaient place sur son passage.

– Vous êtes tous confits dans votre gentillesse médiocre ; mais les mœurs évoluent. Le monde se libéralise, et pas seulement au sens financier, et heureusement ! Il y aura des révolutions dans les mœurs, vous verrez ! Et dans la littérature aussi, évidemment.

Denise Bellegarde marcha vers le coffre de sa voiture, attrapa un exemplaire de son livre et le plaqua violemment sur le torse de Gilles :

– Un jour, mon petit gars, un jour ce genre de texte s'étudiera à la fac ! Oui monsieur !

Gilles était resté vaillamment debout pendant toute la tirade. Vilmos, il n'avait pas vu quand, s'était éclipsé.

Le jeune professeur prit lentement la plaquette des mains de sa supérieure. Sans rien dire, il la remit avec les autres dans le coffre. Puis il quitta la cour de l'imprimerie.

– Vous êtes un jeune con naïf ! lui lança encore Bellegarde.

Puis elle ajouta entre ses dents :

– Et si vous aviez été moins jeune...

Dans la rue, Gilles fut rejoint magiquement par Vass.

– Où étais-tu, toi ? Tu n'avais pas envie, par exemple, de me défendre contre cette furie ?

– Euh... je... je suis parti vérifier quelque chose.

– Sans blague ?

– Mais oui ! Je me suis dit : Lena, elle prétendait être l'auteur de la plaquette. Pourquoi nous a-t-elle raconté cette sottise ?

Pourquoi, en effet ? Gilles essaya de se souvenir à quelle occasion elle leur avait confié cela... Pourquoi endosser un secret qui n'est pas le sien, si ce n'est pour masquer... son secret véritable ? Le secret de l'agent Vestnik, par exemple ?

Il fallait qu'elle s'explique, de toute urgence !

Gilles partit au pas de course vers sa voiture. Vilmos l'interpella dans son dos :

– Pas la peine, Gilles ! Je suis déjà allé voir ! Elle n'est plus là. Lena a disparu !

39

Moteur à fond, la 2 CV remontait le boulevard en direction du centre-ville.

Gilles, avec l'auto, pouvait rallier plus rapidement le commissariat. Vass était parti à pied de son côté, afin d'intercepter Lena, de l'occuper jusqu'à l'arrivée de la cavalerie. Plus d'états d'âme, à présent : il fallait retrouver cette fille et l'arrêter par tous les moyens.

Le professeur effaçait les feux rouges, les cédez-le-passage, en jetant à peine un œil sur les rues attenantes.

Et tout à coup, il l'aperçut. Des cheveux noirs qui dansent. Une silhouette lancée en footing sur le trottoir ; dans la direction générale du Pourtalès.

Il pila au point de disloquer l'auto, manœuvra puis s'approcha de la coureuse. Il régla sa vitesse sur elle, à un mètre du trottoir, abaissa la vitre et l'interpella :

– Lena !

– Laisse-moi, Gilles. Rentre chez toi. Ça ne te concerne plus.

Elle fit un geste comme pour chasser une mouche. Elle avait une foulée parfaite, régulière. Une cadence de soldat.

Mais lui ne pouvait pas en rester là ! Il n'allait pas lui obéir, tout de même ! Il ne savait pas trop ce qu'il espérait : qu'elle s'interrompe, qu'elle tombe à genoux, qu'elle fonde en larmes ?

Gilles haussa le ton :

– Je vais te dénoncer, Lena ! Je ne te protégerai plus.

Pour toute réponse, elle fouilla dans une poche et, par la vitre ouverte, jeta à Gilles une pochette en papier.

De sa main libre, il l'ouvrit.

Une sueur glacée coula le long de son échine.

Il serra le volant dans ses poings. La jeune fille continuait son footing sur le trottoir désert, dans la ville endormie. À un petit mètre de sa calandre, de ses roues...

Sur le siège passager, quelques photos. Pas beaucoup ; une sélection, sans doute. Prises dans le petit salon de musique du Pourtalès. L'appareil avait dû être dissimulé dans le boîtier du thérémine.

Des clichés de lui ; en train de faire vigoureusement l'amour à Lena Katowicz.

40

À présent, il patientait dans un salon d'attente ; au commissariat principal, rue de la Nuée-Bleue.

Il avait fait aussi vite qu'il pouvait. Lorsqu'ils étaient partis tous les trois du Palais universitaire, le jour se levait à peine. Il s'était passé beaucoup de choses depuis, mais il était encore tôt.

Pour la centième fois, Gilles demanda au policier de garde :

– Qu'est-ce qu'ils font ? C'est long !

– Ils viennent, je vous l'ai dit. Un peu de patience.

– Mais vous, vous ne voulez pas m'entendre ? On ira plus vite ! À l'heure qu'il est, elle a dû arriver chez elle et boucler sa valise !

– Je vous l'ai dit, je ne suis pas habilité.

Comme il n'avait aucun moyen d'arrêter Lena, Gilles l'avait laissée là, trottinant dans les rues. Il avait foncé jusqu'à la rue de la Nuée-Bleue.

En arrivant dans le quartier, il avait été ralenti par un camion de livraison des DNA. Il avait abandonné sa voiture au milieu de la chaussée et poursuivi à pied, à toute vitesse.

Il avait pris au plus court, par la rue interdite, celle de la librairie Schaeffer. Cela ne lui avait causé ni chaud ni froid.

– Monsieur Schaeffer ? Je suis le capitaine Mosser, de la DST. Vous avez demandé à me voir.

Face à lui, un grand énergumène moustachu, veste sur le bras, chapeau tout écrasé, lui tendait la main. Gilles se leva et le salua.

– Oui, c'est bien ça. J'ai des révélations à faire sur un réseau d'espionnage soviétique.

– Vous avez évoqué le meurtre de cet homme en septembre 54, dans les fourrés du palais U. C'est pour cela que je suis venu.

– Voilà. Je pense connaître un membre de ce réseau.

– Suivez-moi.

On leur ouvrit un bureau au fin fond du commissariat. Étroit, propre, sans fenêtre. Le genre d'endroit dont on oubliait constamment l'existence.

– Vous êtes Gilles Schaeffer, professeur à l'université de Strasbourg.

Tout en parlant, Mosser sortit un magnétophone Nagra et le mit en route.

– Professeur assistant.

– Domicile ?

Gilles indiqua avec impatience tout son état-civil. Enfin, il put parler.

Il raconta la bande des Vitch, le trio, les fiches, Vestnik, Burnham ; Jocelyne...

Dans sa poche, il détenait toujours les photos prises au Pourtalès. Il le savait, un jeu de tirages allait partir au courrier, quoi qu'il arrive désormais. Adressée chez lui, sans doute, à l'attention de Joce.

Il aurait pu empêcher cela tout à l'heure, tandis qu'il roulait à côté de Lena, le long du boulevard de la Marne. La supplier, lui faire des promesses.

Mais non, c'était trop grave. Il ne pouvait plus se taire. Il fallait qu'il raconte. Finies, les gamineries. Et ce qui devrait arriver arriverait.

Partie 6

Prendre son envol

41

La journée des braves gens commençait enfin ; un petit jour gris et humide. Quand Gilles ressortit enfin du commissariat, les nuages s'étaient donnés rendez-vous sur Strasbourg. À peine avait-il fait dix pas sur les trottoirs que la pluie se mit à tomber.

Il aurait dû éprouver du soulagement, un vaste sentiment de libération. Pourtant, il se sentait toujours aussi coincé, engoncé entre des choix, des forces qui le dépassaient. Peut-être parce que l'interrogatoire de Mosser l'avait laissé épuisé ; peut-être aussi parce que personne ne pouvait prédire ce que Lena allait devenir.

Il récupéra son auto, garée à la va-comme-je-te-pousse : manifestement, pendant qu'il vidait son sac devant la DST, des gens de la rue, des costauds avaient déplacé la 2 CV pour dégager la voie.

Et maintenant, que faire ? Il prit la direction du palais U : quoi d'autre ? Aujourd'hui était un jour de travail absolument standard. Il donnait cours dans une petite heure.

Gilles gravit rapidement le grand escalier extérieur, encombré comme toujours par les groupes d'étudiants qui discutaient. En traversant l'aula, il se souvint qu'il restait toujours leurs affaires de camping dans une salle de cours à l'étage. Tant pis, il n'allait sûrement pas les revendiquer.

Plusieurs individus se retournèrent sur son passage, le regardèrent à la dérobée. Il n'y fit pas grande attention. Tout ce qu'il voulait, c'était liquider sa journée puis rentrer chez lui.

Alors qu'il longeait les portes de l'administration, Yvette l'interpella depuis son bureau :

– Monsieur Schaeffer ? Attendez !

Elle le rejoignit en trottant :

– Monsieur Prigent veut vous voir.

– Joël ? Ah, bien.

– Dès que possible.

– Oui, oui.

Il remarqua alors avec quelle expression gourmande elle lui annonçait tout cela. Il s'orienta vers le bureau de son beau-frère, inquiet. Il entendit encore la secrétaire qui lâchait dans son dos :

– Madame Bellegarde va être tellement déçue...

Joël, de l'intérieur du bureau, le fit tout de suite entrer. Il pénétra dans les lieux, une belle pièce envahie de meubles écrasants. Une large bibliothèque débordait d'ouvrages bien reliés, classés par collection ; sur les surfaces libres, quelques souvenirs militaires, des photos, un bout de blindage déchiqueté, peint en camouflage allemand...

Joël se leva et vint à sa rencontre. Il portait le visage des mauvais jours.

– Joël, tu as demandé à...

Le professeur assistant ne termina pas sa phrase : l'autre lui envoya un crochet du gauche parfaitement ajusté. Gilles en vit danser toutes les étoiles de la Voie Lactée. Il flageola sur ses jambes et faillit s'effondrer, *groggy*.

Il se reprit, chercha une posture de garde, mais l'autre enchaînait déjà avec un *uppercut* qui le souleva du sol. Gilles recula, fut arrêté par le bois de la porte.

–Qu'est-ce qu'il te prend ? Ça ne va pas bien ?

–Et il demande ce qu'il me prend !?

Joël alla rafler quelque chose sur son bureau et lui jeta à la figure.

–Voilà ce qu'il me prend ! Tes exploits de triquard en long, en large et en couleur, cloués tôt ce matin un peu partout au palais U, et jusque sur la porte de mon bureau !

Gilles n'avait pas besoin de regarder en détail les photos : c'étaient, évidemment, celles de ses galipettes avec Lena.

Le beau-frère revint à la charge. Gilles n'essaya plus de parler, juste de se mettre en garde et peut-être de calmer l'autre avec un ou deux coups bien placés. Joël passa ses défenses maladroites, le prit par le colback et le cogna à plusieurs reprises contre la porte en chêne :

–Je vais être dans une merde noire, Schaeffer ! Toi que j'ai défendu, pour qui je me suis mouillé tellement de fois !

Il écrasa Gilles d'un coup plus fort que les autres.

–Et en plus, avec une gosse du Pourtalès ! Tu pouvais pas tomber plus mal ! Des complications internationales, comme si ça ne suffisait pas à mon bonheur !... Oui, je vais être dans la tourmente... Mais toi, ce sera encore pire : Tu iras peler des patates, vendre des journaux ou faire la manche, pour ce que j'en ai à foutre. Parce que je m'arrangerai, tu peux me croire, pour que tu ne fiches plus jamais les pieds ici, ni dans aucune faculté, de toute ta vie ! Ni dans aucune école ! Même pour faire classe à des quatorzièmes, on ne voudra plus de toi !

Joël fracassait toujours Gilles contre la porte.

–Et à propos de ta thèse, tu peux te la reconvertir en torchecul, parce qu'elle ne servira jamais à rien d'autre ! Tu peux compter sur moi !

–Joël, pas ça, tout de même ! Laisse-moi au moins la recherche...

En le tenant toujours d'une seule main par le col de chemise, le colosse ouvrit sa porte à la volée. Il expédia le professeur dans le couloir comme un simple ballot de chiffons. Et tandis que Gilles se relevait en grimaçant au milieu des élèves, des professeurs et des employés d'administration, son beau-frère lui beugla :

– Va te faire pendre ailleurs, Gilles Schaeffer ! Va te faire foutre !

42

Au même moment, au nord de Strasbourg, une voiture grise s'arrêta doucement dans la cour du Pourtalès. Mosser se dirigea tout de suite vers le château et la section des filles, tandis que deux collègues le suivaient au pas de charge, parapluie en bataille.

Devant la porte d'entrée, la maîtresse d'internat, bigoudis dans les cheveux, joues maigres, encore en robe de chambre, s'interposa :

– Et où vous croyez aller comme ça, vous autres ? C'est un endroit privé, ici, un foyer de jeunes filles. Demandez un droit de visite et allez patienter à l'extérieur.

Un des barbouzes, qui portait un nœud pap' totalement incongru, lui montra sa carte tandis que Mosser recadrait le débat :

– Madame, nous menons une enquête impliquant une de vos pensionnaires, Lena Katowicz. Veuillez nous apporter toute facilité : il s'agit d'une affaire de sécurité nationale.

La gardienne se troubla, recula :

– Je... bien sûr, venez. Mais je dois vous prévenir, elle n'est pas ici. Elle ne s'est pas présentée au petit-déjeuner.

– On sait.

Mosser répartit ses forces : il envoya son gars, encore plus moustachu que lui, vérifier les environs ; l'autre, l'homme au nœud pap', alla frapper à toutes les portes de la section des filles, accompagné de la collante maîtresse d'internat. Quant à lui-même, il se réservait la chambre de Lena.

C'était une pièce vieillotte semblable à toutes les autres, meublée avec quelques meubles rares. Sur un bureau de style Empire, ou Louis XIII, Mosser ne savait pas trop, des piles de cours soigneusement tassées et une machine à écrire.

L'agent retourna tout ce qui se pouvait, regarda sous les meubles, derrière les fonds d'armoires. Toutes les cachettes possibles. Rien.

Sur le bureau, les cours manuscrits de Lena, en français et en polonais, le narguaient. Et la machine à écrire. Il appuya sur une touche, imprima un caractère à vide sur le cylindre de frappe. Un symbole cyrillique : Щ.

Dans l'internat des garçons, Vilmos s'apprêtait à partir en cours. Il était tout juste parvenu à se faufiler chez lui, après son pistage bredouille dans les rues de la ville.

Des éclats de voix dans le couloir l'avertirent. Il connaissait ce sentiment d'urgence, de menace criante. Il ne l'avait pas ressenti depuis longtemps, mais ce sont des choses que l'on n'oublie pas.

Donc, Gilles n'avait pas trouvé Lena, et il avait foncé à la police. Quel idiot !

Le Hongrois finissait d'enjamber sa fenêtre lorsque la porte de sa chambre s'ouvrit à la volée. Il tomba accroupi sur la pelouse puis s'éloigna au petit trot.

– Toi ! Arrête !

Un homme de la police secrète française se penchait à la fenêtre et le pointait du doigt. Vilmos frissonna de la tête aux pieds et partit en sprint.

L'autre ne perdit pas de temps à repasser par les couloirs. Il enjamba la fenêtre à son tour.

Vilmos Vass courait de toutes ses forces vers les arbres. Il s'agissait plutôt d'un parc d'agrément, mais s'il tenait le coup, il arriverait dans la partie plus sauvage de la forêt. Là, si personne d'autre ne se joignait à la poursuite, il aurait ses chances…

Mosser occupait le salon de musique. Sur l'élégante table de bridge, son acolyte achevait d'éventrer le boîtier du thérémine. Un vrai coffre au trésor : à côté de l'électronique musicale, un appareil photo, des dossiers administratifs dérobés à la faculté ; et des brouillons de poèmes érotiques en français…

Il ne pouvait pas interroger tout le monde, le temps pressait. Mosser avait du flair pour ces choses-là. Il avait désigné sans raison apparente une petite blonde, une Polonaise, et avait renvoyé toutes les autres. La fille, pas rassurée, était gauchement assise dans la bergère du salon.

– Et vous me dites qu'elle tape à la machine ?

– Oui, oui… jusque tard dans la nuit. Elle lit aussi beaucoup d'ouvrages pour compléter ses cours. Nous autres, on est tous travailleurs, enfin la plupart. Mais Lena nous fait honte à tous par son assiduité.

– Une machine à écrire, c'est courant, ici ?

– Avec l'argent de poche qu'on nous donne ? Pfff… Au début de l'année dernière, Lena a fait un voyage à Genève. Elle est revenue avec sa machine. Un cadeau d'une association d'entraide polonaise, soi-disant. Moi, en tout cas, je n'en avais jamais entendu parler. Et Lena ne veut jamais nous la prêter quand elle ne s'en sert pas.

Mosser adressa un sourire bonasse à la pipelette :

– Une fille bizarre, quand même, non ?

– Pas comme nous, c'est sûr. Pas comme les autres Polonaises.

– Comment cela ? Elle vient d'où, au fait ?

– ... De Wroclaw, je pense. Mais... elle ne nous ressemble pas, elle ne connaît pas toutes les blagues, les expressions. On a essayé de savoir. On se dit qu'elle a vécu ailleurs, ou qu'un de ses deux parents est étranger. Je veux dire, non-polonais.

– Elle fait venir des connaissances ici ?

– Pas trop, non. À un moment, on a même pensé qu'elle avait un amant à l'extérieur.

Mosser ouvrit de grands yeux incrédules. La fille, très fière de lui apprendre quelque chose, précisa :

– De temps en temps, elle écrit une lettre à quelqu'un du coin.

– Vous avez intercepté son courrier ?

– Tout le monde le fait, monsieur ! Il faut bien lutter contre les mouchards communistes !

– Du calme, je ne vous reproche rien. Alors, vous avez lu les courriers de la Katowicz ? Et qu'est-ce qu'on y trouve... ?

À ce moment, le barbouze moustachu fit irruption dans la pièce, échevelé, essoufflé et en sueur. Il fit son rapport à Mosser à voix basse :

– Le Hongrois a filé. Je n'ai même pas pu m'expliquer. Il est quelque part dans les bois. Trop de chemins dans toutes les directions. Je demande des renforts ?

– Laisse-le courir. Il reviendra, et on n'a pas tant que cela besoin de lui.

Mosser ramena son attention sur l'étudiante, qui poursuivait son récit :

– ... Un dentiste de la Robertsau. Elle n'a aucun besoin de dentiste, précisa-t-elle avec une pointe de jalousie.

Son sourire est parfait… Alors avec les autres, on se dit qu'elle le rencontre pour autre chose, vous voyez ce que je veux dire ?

– Un dentiste, vous dites ?

Cela évoquait quelque chose à Mosser. Il avait déjà entendu parler d'un dentiste dans un dossier récent… voyons…

L'affaire Célice ! Évidemment ! Le professeur assistant qu'on avait retrouvé mort en septembre de l'année précédente : il avait pris plusieurs fois un arrêt maladie pour une intervention dentaire. Ils étaient tous passés sur cette information ; ils s'étaient dit que le bonhomme avait de mauvaises habitudes d'hygiène, point final.

– Merci mademoiselle, ce sera tout.

Tandis que la jeune fille ressortait, l'agent interpella ses deux collègues :

– Fred ? Picot ? On y va.

– Chez le dentiste ?

– C'est ça. Sans rendez-vous.

43

Et comme de juste, il pleuvait des cordes !

Gilles entra dans le local scout, dégoulinant, frigorifié. Il alluma le petit chauffage et retira ses vêtements mouillés. Puis il s'assit contre les sacs et y laissa aller son dos en compote.

Il s'était fait flanquer à la porte de son travail ; littéralement. Il était reparti le plus dignement possible, mais n'était pas certain d'y être parvenu : en quelques minutes, il venait de perdre sa carrière et toutes ses possibilités de recherche. On pouvait compter sur Joël Prigent pour lui savonner la planche partout, comme il le promettait. Mais lire, et commenter ses lectures, Gilles ne savait rien faire d'autre ! C'est son avenir, tout simplement, qu'il venait de voir sombrer.

Après cet esclandre, il était entré chez lui.

Jocelyne lui avait fait un accueil glacial : Joël était passé lui apporter les photos.

Gilles s'était défendu, avait remis sur le tapis l'affaire d'espionnage. Il en avait déjà parlé à Joce, elle pouvait peut-être comprendre...

Elle l'avait considéré avec un mépris abyssal :

– Voilà l'explication la plus minable que tu pouvais me servir, Gilles. Ce qui t'arrive est tellement banal : le prof qui faute avec une petite pute d'étudiante. J'imagine que tu la bichonnais au moment de noter sa copie ? Et toi, au lieu de cette histoire navrante, tu me balances une histoire d'espionnage ? Tu me prends pour une truffe ? Je te voyais comme une personne bien, Gilles, serviable, accommodant, efficace, à l'écoute... Mais tu n'es rien de tout cela ; tu es un salaud ordinaire.

Il avait tenté d'argumenter, de rétablir des vérités, au moins en partie. Elle ne l'écoutait plus :

– Tu peux ramasser quelques affaires, mais fais vite. Prends l'auto, si tu veux. J'aimerais rester seule, tu peux le comprendre. Je t'enverrai le reste, tu me diras où. Ne... ne reviens plus ici, Gilles.

Après la brutalité de Joël, la résignation triste de Jocelyne lui avait fait encore plus mal.

Il avait rempli un sac à dos et était parti. Dans un bistrot, il avait demandé le téléphone. Il avait fait le tour de quelques connaissances. Ces gens avec qui il avait pique-niqué l'automne précédent, à l'Orangerie ; tous avaient un empêchement, des difficultés... Il abandonna au bout du quatrième : cela ne servait à rien. Les photos de Lena avaient très certainement circulé.

Il ne lui restait plus que le local des scouts.

Frissonnant et en slip, il suspendit ses affaires mouillées, déploya une table de camping, une chaise toilée ; il sortit quelques bouquins de son sac, les disposa en une illusion de bureau.

Il pouvait rester là, à la cloche, quelques jours, pas plus. Il ne voulait pas que Jocelyne ou quelqu'un d'autre de la troupe tombe sur lui. Surtout pas.

Et après ?

« Après » n'existait pas.

Gilles essaya de lire. Ses livres de chevet, ses chouchous. Il les repoussa : pour la première fois de sa vie, ils ne lui disaient rien.

44

La rue semblait des plus tranquilles, dans ce petit village bourgeois qu'était la Robertsau. « Semblait » : Picot, qui conduisait, faillit s'emplafonner un coursier en Vespa. Deux agents de la DST en intervention : le monde extérieur n'allait pas s'arrêter pour si peu.

– Fais gaffe, bon sang ! On n'a pas le temps pour un constat !

Ils s'arrêtèrent sans discrétion devant la villa. Mosser déploya ses hommes sous la pluie battante et vint sonner au portillon qui donnait sur la rue.

Une voix féminine, enjouée, le salua dans l'interphone puis lui ouvrit sans une question. Il traversa une pelouse élégante. Fred, de l'autre côté du terrain, se plaçait pour couper les issues de l'arrière.

Le cabinet était placé à l'intérieur même de la vaste habitation. Dès l'entrée, Mosser et Picot furent arrêtés par une jolie secrétaire :

– Excusez-moi, j'attendais le prochain rendez-vous. Vous êtes monsieur... ?

– Mosser, DST. Je voudrais voir le professeur Krifmann.

La petite eut l'intelligence de ne pas faire de zèle. Elle conduisit les agents vers la salle de consultation.

La large pièce montrait un aménagement parfaitement rationnel. Tout le côté du fond était laissé à de grandes baies vitrées ; contre les parois de gauche et de droite, des rangements en panneaux laqués blancs. Mais la vedette des lieux, sans aucun doute, était le fauteuil médical. Mosser frissonna : le « chevalet de torture », comme il disait à son propre praticien, pour le faire grincer des dents...

Un vieil homme en blouse blanche, chaussé de gants en latex, vint leur tendre le poignet. Dans le fauteuil, un homme, la quarantaine, bavette autour du cou, écarteur dans la bouche, observait l'intrusion sans comprendre.

– Monsieur Krifmann ?

– C'est moi-même, fit l'homme avec un accent germanique prononcé. Pourquoi Josiane vous a-t-elle fait rentrer ? Je peux vous demander d'attendre à l'extérieur ? Je n'en ai pas fini avec ce monsieur.

– Je crois que ce monsieur devra attendre. Picot ?

L'acolyte de Mosser entreprit de fouiller méthodiquement les placards. Lui-même gardait un œil sur Krifmann.

La cache s'avéra moins subtile que celle du Pourtalès. Dans un placard, derrière des rouleaux de gaze, l'homme au nœud papillon tomba sur un joli butin : une machine à écrire Moskva, la jumelle de celle de Lena, un pistolet, un carnet imprimé en cyrillique...

Mosser en déchiffra quelques lignes: codé. Pas de chance. Il brandit le document sous le nez du dentiste:

– De quoi il s'agit, Krifmann? Le « Que sais-je » sur les plombages? Et les fiches, ou sont-elles?

Le prof de lettres, Schaeffer: il avait mentionné en long et en large ces fiches anthropométriques.

– Quelles fiches? Je ne vois pas de quoi vous parlez. Je ne comprends pas... Je ne sais pas ce que tous ces objets font là. La dernière fois où j'ai rangé ce placard remonte à quelques semaines. Il n'y avait rien, rien d'autre que le stock de pansements!

Mosser ordonna à Picot de surveiller l'homme de l'art. Il fit coulisser une baie vitrée et appela dans le jardin:

– Fred? Va cuisiner un peu la secrétaire!

Ses yeux tombèrent sur le patient, oublié de tous sur son fauteuil médical. Tiens, et lui...? Il avait peut-être des choses à dire.

– Vous, monsieur, vous êtes ici depuis longtemps?

– Une demi-heure environ, articula le patient en chuintant.

– Est-ce que quelqu'un s'est présenté avant nous?

– Non, personne... Enfin si, il y a eu ce coursier, tout à l'heure. Dix minutes, pas plus. Monsieur Krifmann l'a reçu lui-même.

– Il n'a pas sonné? Et la secrétaire?

– Non, non. Il a tapé à la vitre. (Il désigna une des larges baies coulissantes du fond de la salle.) Ils se sont parlé là-bas, le docteur et le coursier casqué.

– Alors, le visiteur lui a donné quelque chose.

– Donné? Non, non. C'est monsieur Krifmann qui lui a confié un paquet.

Et merde!

Mosser serra les poings et se tourna vers le dentiste:

– Je suppose que vous ne nous direz pas où elle se rendait ?

Le vieil homme lui sourit stupidement.

– Je vous arrête pour activités d'espionnage sur le territoire national. Vous allez apprécier notre justice, agent Yegoza.

45

Si Gilles devait rester là plusieurs jours, il lui fallait des provisions. En partant de chez lui, il n'avait pas pensé qu'il manquerait aussi vite de tout. Alors, en fin d'après-midi, il s'était décidé : il avait fait un saut à l'épicerie la plus proche et il ramenait au local deux filets de courses.

Il pensait en boucle à Vass, à Bellegarde, à Joël ; à Lena aussi. Où étaient-ils, qu'est-ce qu'il leur arrivait ? Qui aurait pu le renseigner ? Tout le monde lui avait tourné le dos à la vitesse de l'éclair.

De retour dans le local, il alluma et entreprit de disposer ses courses sur la table de camping.

Quelqu'un referma la porte derrière lui et lui souffla :

– Je peux entrer, monsieur le professeur ?

Il se tourna : Lena.

– Toi ! Tu ne manques pas d'air ! Tu sais que je pourrais...

– Tu pourrais quoi ? Prends plutôt une chaise et assieds-toi.

Il n'avait pas peur. Plus tard, peut-être. Pour le moment, il éprouvait une infinie rancune contre la jeune fille.

Elle le laissa s'asseoir et prit une deuxième chaise.

Ils se faisaient face, de part et d'autre de la table de camping. Dans le dos de Lena, la porte. Posée par terre, juste devant celle-ci, prête à être empoignée dans la fuite, une sacoche ; un gros cartable en cuir qu'on avait dû boucler avec peine.

Gilles la désigna du menton :

– Ce sont les fiches ?

– Bravo, monsieur le professeur ! Quel talent ! Oui, ce sont les fiches. Celles que j'avais, et celles récupérées chez Yegoza. Tout ce que j'ai pu rédiger depuis l'année dernière, le fruit de l'opération Chtch. Du moins avant qu'un gros curieux vienne tout interrompre.

– Tu m'as encouragé plus d'une fois, Lena. Comme agent secret, tu es complètement nulle. Je te donne une très mauvaise note...

Elle secoua la tête en souriant :

– Je t'ai encouragé quand cela ne menait nulle part, je t'ai découragé quand tu approchais de la vérité. Même chose pour Vilmos. Et quand l'un des deux relevait un peu trop la tête, j'excitais l'autre contre lui. Vous étiez si mauvais, tous les deux ; le risque était bien mince, en contrepartie de votre confiance. Et puis, comme j'avais ta confiance, la confiance aveugle du professeur Schaeffer, j'étais bien mieux acceptée par tous. Tu n'imagines pas ce que la bienveillance d'un prof peut faire sur le regard des autres, des étudiants...

Elle s'esclaffa :

– Non, moi, je me donnerais plutôt une bonne note !

Une voiture puissante passa à l'extérieur, dans la rue. Le bruit de son moteur emplit brièvement le local. La fille sursauta avant de reprendre son contrôle.

– À présent la DST sait tout, Lena. Si ça se trouve, ils ont déjà démantelé ta filière. Tu es fichue.

– Pas tout à fait. Il me reste quelques atouts. Celui-ci, par exemple.

Elle déposa un objet lourd, métallique devant elle sur la table. À portée immédiate de sa main. Le Tokarev de Vass. Il semblait mieux entretenu, dans un meilleur état que la dernière fois où Gilles l'avait vu.

– Juste pour que tu comprennes bien : si tu tentes quelque chose, Gilles Schaeffer, tu es mort.

Il n'avait pas besoin de lire dans son regard pour la croire.

– Cela ne mène à rien, Lena. Je te le redis, d'autres sont au courant. Ils viendront au local. Ils finiront par y penser.

– Je n'ai besoin que de quelques heures. C'est vrai, Vilmos et toi, vous m'avez forcée à passer par les mesures d'urgence. Mais quelques heures suffiront, dans un endroit « propre ».

– Quelques heures avant quoi ? Que vas-tu faire après ?

Elle sourit sans répondre, derrière le rideau de ses cheveux.

Gilles changea le cap de ses questions :

– Le type qui a failli me renverser à un feu rouge ? C'était... un de tes collègues de travail ?

– Peut-être.

– ... Ce même collègue qui a coincé Patrick Célice dans les buissons, à l'automne dernier, et qui lui a fait passer le goût du pain ? Ou alors... tu t'en es chargée toi-même ?

– Skazka voulait nous tromper. La qualité de ses fiches se dégradait à chaque livraison. Ils l'ont coincé de justesse, la nuit même où il avait rendez-vous avec les gens de la DST pour trahir.

– Nous sommes allés plus loin que lui, alors : nous, nous l'avons eu, l'entretien avec un espion. Dommage qu'il ait été un agent double au service des Soviétiques.

Lena haussa les épaules :

– Burnham est aussi trotskiste que toi ou moi, Gilles. Si tu avais lu sa bibliographie, ses écrits, au lieu de me faire confiance, tu l'aurais compris tout de suite. Il a en effet un passé bolchevique, mais tout cela est bien loin. Il a tourné sa veste il y a longtemps.

– Pourquoi nous l'avoir appris, alors ? Nous serions restés dans l'illusion qu'il s'occupait de notre affaire, et nous n'aurions pas cherché d'autres actions à tenter.

– C'est bien ce que je souhaitais au départ, Gilles, mais rappelle-toi : ce jour-là, tu bouillais de reprendre les investigations. J'ai préféré sacrifier ma carte Burnham, et vous renvoyer sur une nouvelle idée stérile : la planque pour de nouvelles fiches. On m'avait ordonné, à ce moment, de ne plus rien déposer à la BNU. Et cet idiot de Vilmos a eu son idée idiote de fausse fiche.

– Burnham n'était pas un agent soviétique : il aurait pu finir par agir pour nous !

– ... Et l'a-t-il fait ? C'est moi qui vous ai suggéré d'aller le voir, tu te rappelles ? De cette façon, je t'ai dissuadé d'aller à la DST, ce qui était autrement plus dangereux pour moi. Les Américains ont en effet d'autres chats à fouetter que cette histoire de fiches ; et ils n'ont guère envie d'intervenir sur les plates-bandes des Français. Je savais que Vilmos serait incontrôlable, face à Burnham. Dans son bureau, notre camarade a tout fait pour te déconsidérer. Et grâce à tout cela, la démarche avec l'Américain n'a rien donné.

– Mais comment... (Gilles ne pouvait s'empêcher d'agiter les mains dans un geste d'incompréhension) comment tu as eu accès à toutes ces informations ? Les projets, mon passé ; et même le fonctionnement de mon couple ?!

– Chacun sa spécialité, monsieur le professeur. La mienne, c'est de construire des réseaux d'amis, de me faire apprécier, d'écouter, de laisser sortir ce qui brûle les lèvres des gens. Yvette, la secrétaire, observe et comprend beaucoup de choses.

– Yvette ? Yvette, une espionne ?

– Bien sûr que non. Mais il y a eu un moment, en novembre, où elle pataugeait. Avec cet afflux d'étudiants slaves en faculté de lettres, elle avait beaucoup de documents à transcrire, des équivalences à trouver. Elle ne savait pas quoi mettre dans nos dossiers français. Un jour, je lui ai gentiment traduit deux-trois formules : je parle le polonais et le russe, bien entendu, mais aussi le roumain, le hongrois, l'allemand et l'ukrainien... Tu aurais dû voir comme elle me bénissait, ensuite, quand je passais lui donner un coup de main avant les cours, ou bien en fin de journée. Chaque soir, il manquait quelques dossiers au secrétariat ; mais le matin, avant que même elle s'en aperçoive, ils étaient revenus.

– Il y a quand même eu quelques loupés, puisqu'elle s'est plaint qu'on fouillait dans ses archives.

– Mais beaucoup moins souvent que mes visites : cela ne pouvait donc pas venir de moi. Et puis... Joël Prigent, son supérieur, n'aurait pas apprécié de savoir qu'Yvette « déléguait » le travail pour lequel elle était payée. Je crois que tu as constaté combien ce type peut être... sanguin.

L'évocation de Joël fit revenir toute la colère de Gilles, son sentiment de trahison :

– Tu as... tu nous as pris en photo tous les deux, au Pourtalès, pendant que nous...

– Je voulais me constituer un petit moyen de pression, au cas où quelque chose tournerait mal. Sinon, ce petit reportage aurait pu servir plus tard. Autrement, peut-être que tu aurais fini par épouser ton étudiante. Cela n'a pas été suffisant, dommage.

– Tu avais préparé un piège pour ce soir-là ?! Tu ne savais même pas que je viendrais !

La jeune fille haussa de nouveau les épaules :

– Ce soir-là ou un autre… Je savais bien que tu viendrais un jour, les reins en feu. Je savais où je te conduirais. Personne d'autre ne s'intéressait au thérémine. Je savais ce que j'aurais à faire.

– Mais jamais je n'aurais imaginé de toi une trahison pareille. Vilmos non plus, je crois. Enfin bon sang, nous sommes montés sur cette tour tous les trois ! Nous avons partagé la même peur !

– … Du flan, tout cela. J'avais bien compris que tu avais piqué mon enveloppe à la BNU, que tu la portais encore sur toi. J'ai essayé de te la reprendre dans les… rapprochements de l'escalade.

Gilles secoua la tête amèrement :

– Alors c'est vrai, ce qu'on répète sur les espionnes soviétiques. On vous apprend à vous servir de toutes les armes, y compris de votre corps.

– Si tu le dis…

À nouveau, un véhicule passa non loin. Lena jeta un œil dans la direction du bruit. Malgré elle. Peut-être que si Gilles lui faisait perdre assez de temps…

– Mais tu te rends compte !? Tu as fait de moi un salaud. Tu m'as rendu indésirable dans mon propre univers. À cause de toi, je… j'ai… mon entourage me hait ! Toute ma vie, j'étais arrivé à préserver cela !

– *Moi*, j'ai fait de toi un salaud ? (Elle le dévisageait avec une profonde ironie.) Mais tu aurais commis des saloperies de toute façon, mon chéri. Nous en commettons tous. Nous ne pouvons pas nous en empêcher. Nous sommes des êtres complexes, Gilles. Nous tous. Faits de milliers de petits bouts de qualités et de défauts. Tout ce qui prétend le contraire veut te mentir. Tôt ou tard, nous dérapons, nous endossons un secret déplaisant, puis un autre. Tout ce que nous pouvons faire, c'est essayer de vivre quand même, de devenir malgré tout quelqu'un d'acceptable...

– « Quelqu'un d'acceptable » ? Tu crois que tu pourras te regarder dans la glace dans dix ans, dans trente ans, Lena ? Quand tu auras suffisamment détruit de gens pour la plus grande gloire de l'Union ?

– J'aime toujours mieux cela. J'ai essayé de te l'expliquer à certains moments. D'éveiller ton intérêt ; mais tu n'es pas sensible à nos idées, sans doute... Notre « homme nouveau », celui que nous essayons de construire à l'Est, est un être adulte, responsable, une personnalité riche. Votre libéralisme fabrique des enfants qui refusent de grandir. Des égoïstes, des capricieux, des immatures.

– Et il faut pour cela vivre dans un état-prison !

– Vous êtes encore moins libres que nous ! Votre prison est plus subtile, mais ses murs autrement plus épais. Votre environnement, le discours ambiant vous emprisonne dans vos désirs, dans la satisfaction étroite de vos besoins. Dis-moi, monsieur le professeur, qu'en faites-vous réellement, de votre sacro-sainte liberté ? La liberté d'acheter et de remplir votre frigo, et puis après ?

– Je ne suis pas comme ceux-là !

Gilles soupira longuement puis résuma :

– Nous ne tomberons pas d'accord.

– Au moins, ça me change des discussions avec nos *zampolit*.

Le jeune homme la regarda par en dessous :

– Tu n'es même pas polonaise ?

– Tout ce qu'il y a de plus russe ; et même de Moscou centre-ville, mon vieux !

– Et quel est ton vrai nom, Lena ?

La jeune femme se tut.

La discussion s'effilocha, se poursuivit longtemps.

Vers une heure du matin, Gilles se réveilla en sursaut. Il s'était endormi dans sa chaise de camping. En face de lui, affalée sur la table, enfouie sous sa tignasse, l'espionne avait elle aussi succombé au sommeil. Ou peut-être pas ; il l'entendait à peine respirer.

Le Tokarev guettait au milieu de la table. Plus près, toutefois, de la petite main de la fille que de celle du jeune homme...

Gilles aurait pu sortir, l'enfermer, courir vers une cabine téléphonique...

Il aurait pu prendre l'arme. Cela aurait pu marcher.

Il aurait pu.

Il n'en fit rien.

46

Au Ivy Mike, il ne restait que deux clochards autour d'une partie de cartes sans queue ni tête. La serveuse arpentait nerveusement le damier infini de la salle : l'heure de fermeture approchait ; était passée, peut-être. Il allait falloir flanquer ces deux pauvres types dehors. Et l'étudiant épuisé avec.

Le jeune Hongrois porta le verre à ses lèvres pour la milliardième fois de la journée. Il essayait de faire durer chaque bière, mais il en avait déjà bu une flopée depuis qu'il était entré dans l'établissement. Ravagé par une nuit de fuite et d'insomnie, il tenait à peine debout. Il résistait encore un peu à l'envie de s'allonger sur sa banquette en skaï pour s'endormir en toute tranquillité, et merde à tout.

Son poursuivant, l'agent des Français, l'avait perdu dans les bois autour du Pourtalès. Par précaution, Vilmos avait encore marché un long détour avant de revenir dans le tissu urbain. Il n'avait guère d'endroit où aller, si on mettait de côté la fac et le château.

À l'heure où les commerces ouvraient, il s'était porté vers le Ivy Mike ; en attendant ; pour faire le point.

Depuis, il buvait de la bière à petites gorgées et il réfléchissait. À quel moment les choses se tasseraient-elles pour lui, à quel moment pourrait-il retrouver sa chambrette et sa vie ?

Quand les deux hommes s'assirent de part et d'autre de lui à sa table, il fit à peine un mouvement pour s'en aller. L'un des deux portait un nœud papillon, parfaitement incongru vu l'heure et l'endroit. L'autre, un moustachu, ne pouvait être que celui qui l'avait coursé dans les bois.

Il lui posa une lourde main sur l'épaule. C'était fini. Le Magicien allait quitter la scène.

– Qu'est-ce que vous me voulez ? Laissez-moi partir ! Vous n'avez pas le droit ! Je n'ai rien fait...

– Ta gueule, Vass.

L'homme le força à rester bien en place sur sa banquette. Nœud-Papillon enchaîna :

– Alors qu'est-ce qu'on fait, tous les trois ? On continue à se courir après ? On discute ?

– Je ne sais pas de quoi on m'accuse. Je n'ai rien fait !

– On les connaît déjà, tes petits secrets, Vass, fit le moustachu. Et on s'en fiche. On a besoin de toi.

Le Hongrois intégra lentement ce qu'ils venaient de lui dire. Nœud-Papillon reprit :

– En vérité, ce n'est pas toi que l'on pensait trouver ici. On cherche Lena Katowicz. Tu la connais ?

Par réflexe, Vass failli nier. Il acquiesça mollement. Il se sentait si fatigué...

– Alors, on peut la trouver où, cette fille ?

– Elle loge au château, comme moi. On a des cours au palais U. Elle fréquente la BNU...

– On a déjà été partout. Tu te doutes bien qu'elle ne s'y trouvait pas.

– Je ne sais pas, alors... Elle dort dans la nature ?

– On a des équipes qui cherchent. Une autre idée ?

– Comment le saurais-je ? C'est une foutue espionne ! Elle a peut-être une planque en ville. Comment je serais au courant ? Ou alors, elle a quitté Strasbourg depuis longtemps.

– On surveille les gares et la frontière.

La serveuse avait enfin réussi à mettre les ivrognes à la porte. Il ne restait que le groupe de Vass et de ses deux invités. Elle s'approcha d'un pas ferme vers la table.

– Réfléchis, Vass... redit le moustachu. Toi-même, tu es en cavale depuis une nuit et une journée. Dans quel endroit tu t'es planqué, avant d'échouer au troquet ?

Vilmos rassembla ses esprits avec beaucoup d'efforts. Bon sang, qu'est-ce qu'il avait envie qu'on le laisse tranquille...

– Nulle part. À un moment, j'ai pensé au local scout, mais je n'ai pas les clés. Alors j'ai attendu l'ouverture des bistros.

– Le local scout ? C'est quoi, ça ?

– Un appartement désaffecté, en ville, qui appartient à une troupe scoute. Gilles et sa femme en sont membres. Il sert à stocker du matériel. Les Schaeffer nous y ont reçus une fois ou deux.

Nœud-Papillon était déjà debout.

Le moustachu questionna Vilmos, avec de l'urgence dans la voix :

– Donne nous l'adresse ! ... Non, attends : viens avec nous.

47

Gilles dormait. Plutôt bien, même. Il rêvait. Quelque chose de tendre et confus. Son cauchemar quotidien, celui de l'homme battu devant la vitrine, tardait à venir ; ne venait pas.

– Debout ! Allez, hop, on se réveille !

Il émergea en se frottant les yeux. L'immense agent Mosser de la DST se dressait devant lui, aux dimensions de l'horizon.

Gilles était couché sur un tapis de camping à même le sol. Il se redressa et le monde reprit des proportions acceptables.

– Monsieur Mosser ? Qu'est-ce que vous faites là ?

– Où est Lena Katowicz ?

– Je n'en sais rien, moi. Je... je ne l'ai pas vue.

Mosser fit les cent pas dans les espaces laissés libres. Gilles examina les lieux rapidement. Tous les signes de présence de Lena, toutes ses affaires avaient disparu : le pistolet et la sacoche pleine de fiches...

– Depuis quand êtes-vous ici, Schaeffer ?

– Depuis hier matin. Jocelyne m'a largué.

– Vous êtes venu en voiture ?

– Eh bien oui.

L'agent n'était pas seul : deux de ses collègues fouillaient la salle, la petite pièce voisine ou l'on faisait le café... et dans l'encadrement de porte, le plus possible dans la pénombre, timide et mal à l'aise, se tenait Vilmos Vass.

L'optimisme de Gilles remonta quelque peu : son camarade, son frère d'escroquerie se trouvait là lui aussi, plongé dans le même bain. Il se sentit moins seul.

– Quel modèle, l'auto ?

– 2 CV. Je l'ai garée sur le trottoir, juste devant la porte d'entrée.

– Alors, j'ai le regret de vous annoncer qu'elle a disparu.

Gilles secoua la tête. Lena, espèce de petite peste !

– Vous n'avez toujours rien à nous dire, Schaeffer ?

L'agent de la DST s'arrêta devant lui, bras croisés :

– La demoiselle est soupçonnée d'espionnage, monsieur Schaeffer ; d'attaques contre les intérêts de l'État. Si vous couvrez sa fuite...

– Oui, oui, je comprends. Écoutez, elle est entrée à mon insu. Elle m'a séquestré toute la nuit. Je me réveille et je découvre la situation comme vous.

– Et voilà ! Quand je pense qu'elle était là ! Où elle a pu aller ?

– Elle a dit... (Gilles chercha les mots exacts) elle a dit qu'il lui restait des atouts en main. Qu'elle devait juste patienter quelques heures.

Les trois agents se regardèrent.

– Le train ? avança l'acolyte à moustache.

– Trop facile à surveiller pour nous, répliqua Mosser.

– La route ? Elle a une auto, à présent.

– Elle n'ira pas bien loin avec sa 2 CV. Et puis ce n'est pas ça qu'elle « attendait ».

Picot échangea un coup d'œil avec son supérieur :

– Aero-Shpion ?

– C'est ce que je pense aussi... On y va !

48

En ville, la pluie avait repris encore plus fort. Dans la campagne, c'était apocalyptique. Les essuie-glaces avaient toutes les peines du monde à balayer le pare-brise entre les rafales. Picot conduisait. Il faisait de son mieux pour ne pas que tout se termine dans le fossé.

Ils se garèrent sur les pelouses boueuses et s'élancèrent sur les chemins d'accès criblés de flaques. Mosser, Fred, Gilles, Vilmos, Picot, en file indienne, au petit trot.

Pendant le trajet, l'homme au nœud papillon avait donné des explications aux deux profanes installés à l'arrière :

– Aero-Shpion ? Eh bien, les Russes ont Aeroflot pour les civils, et puis Aero-Shpion pour les espions. Nous lui avons donné ce petit nom ironique : officiellement, il s'agit d'un tissu de minuscules compagnies indépendantes, qui opèrent sur des aérodromes secondaires des pays occidentaux. Des compagnies qui se tiennent en alerte ; et qui sont tenues, de près ou de loin, par le KGB.

Dans l'aérogare, Mosser envoya Fred aux nouvelles : quels vols étaient prévus, à quelle heure ? L'agent se dirigea vers les guichets de la Sabena et d'Air France.

Les autres ne s'attardèrent pas. À la suite des agents et de Vilmos, Gilles dut reprendre le pas de course. Une cinquantaine de personnes, des voyageurs, du personnel en uniforme, des agents d'entretien vaquaient à leurs occupations. Pas le temps d'observer, pas le temps d'effectuer des contrôles d'identité.

Ils poussèrent de lourdes portes et ressortirent côté piste, sur le terrain fouetté de pluie.

Là encore, observa Gilles, c'était l'activité habituelle du matin : un tracteur sortait un avion à turbopropulseurs, un DC-4 peut-être, d'un hangar. Un DC-3 faisait tourner un de ses moteurs. Un gros Constellation tout en reflets d'argent, avec ses lignes futuristes, chargeait des passagers : une chenille humaine couverte de parapluies multicolores grimpait lentement à bord par les échelles d'accès. Un monomoteur massif, peint en bleu, se présentait à la descente, miaulant de tous ses pistons alors que le pilote réduisait le régime.

– Attendez-nous ici, vous deux.

Les deux agents partirent se renseigner auprès du personnel, laissant les civils sous la pluie.

Vilmos et Gilles échangèrent un regard embarrassé :

– On va la rattraper, tu crois, Gilles ?

– J'espère bien ! J'aimerais qu'elle paye pour ce qu'elle a fait. Et moi qui croyais qu'elle voulait me jouer du thérémine...

Le Magicien ouvrit des yeux surpris :

– Elle t'a fait ce coup-là, toi aussi ?

– Ah, ta gueule, Vilmos.

Mosser interpella un mécanicien qui s'affairait autour du train du Constellation.

– Et il va où comme ça, cet avion ?

– À Zurich, monsieur.

– Il décolle quand ?

– Dans vingt minutes, si on me laisse faire mon travail...

– C'est-à-dire avant le gros là-bas, et après le DC-3 ?

Le mécano plissa les yeux pour observer les appareils en question.

– Oh, ça ? C'est pas un DC-3 mais un Lissounov. Une copie soviétique.

Face à la mine incrédule de Mosser, il ajouta :

– Je sais ce que je dis, bon sang ! J'étais dans la *Luftwaffe*.

Il ne servait à rien de courir à la tour de contrôle et de faire annuler le vol ; les Ruskofs n'allaient plus s'arrêter pour si peu...

Le bimoteur, presque invisible sous les trombes d'eau, avait commencé son roulage vers l'entrée de piste. Picot, le plus sportif, fonçait vers lui, pistolet dégainé. Un pruneau dans un pneu, ça pouvait tout interrompre. Seulement, l'agent avait encore une bonne largeur du terrain d'aviation à traverser...

Gilles, suivi par Vilmos, courait au contraire vers l'autre bout de piste. Il ne savait pas trop ce qu'il ferait s'il l'atteignait à temps. Peut-être qu'il se jetterait en travers pour arrêter l'avion avec le torse... ?

Mosser, lui, revenait à grands pas vers l'aérogare. Il cueillit le moustachu qui en émergeait tout juste :

– Fred, appelle la défense aérienne, fissa !

La 13e escadre pouvait prendre l'avion en chasse ; seulement, elle partirait de Lahr ; dans cette brouillasse, les Rouges, en zigzaguant un peu, en restant près du sol, avaient une chance réelle d'atteindre la frontière les premiers.

Avec la Suisse, le problème deviendrait diplomatique : à quel titre le gouvernement helvétique irait intercepter un petit vol commercial traversant son territoire ? Les complets-vestons du quai d'Orsay allaient adorer...

Mosser se précipita vers le plus proche guichet et aboya à l'opératrice :

– Faites-moi ce numéro au ministère des affaires étrangères...

Pendant qu'il patientait, il se retourna vers les fenêtres et fixa le Lissounov au roulage.

Cette fille les avait bien baisés.

L'avion, loin là-bas, prit son alignement en bout de piste. Gilles recevait la pluie par paquets ; l'appareil, par instants, n'était qu'un fantôme gris estompé par l'averse...

Le bruit des deux moteurs s'amplifia subitement. Aero-Shpion s'élança.

Gilles n'aperçut qu'un instant, ou crut apercevoir, à un hublot, le visage de Lena ; son fin petit visage, indifférent derrière le rideau de ses cheveux.

Partie 7

Réalignements

49

Revenir sur place, cela lui faisait bizarre. Il n'avait jamais remis les pieds dans les locaux depuis la fin de l'année précédente. L'année *universitaire* : il comptait toujours le temps, malgré lui, à la façon d'un professeur.

Gilles passa entre les deux énormes urnes de pierre et gravit l'escalier. Il n'y avait pas pensé mais, à cette heure-ci, les cours de la matinée se terminaient. De toutes les salles de cours, de tous les amphithéâtres sortaient des étudiants avec leurs enseignants. Le jeune homme n'était pas encore oublié des mémoires ; beaucoup le fixèrent avec des airs désapprobateurs, ironiques. Il s'en fichait complètement.

Cette sale petite peste de Lena… La vie de Gilles ne s'était toujours pas remise de la catastrophe de l'année précédente. Il lui en voulait plus que tout. Jamais il ne lui pardonnerait. Cependant… cette rencontre avait aussi été une chance. Oui, la pire chose *et* la meilleure qui lui soit arrivée.

Il frappa à la porte. La bonne vieille voix cassée de fumeuse lui répondit :

– Entrez !

Il poussa aussitôt la porte. La vieille femme cachait tout juste des feuilles de brouillon. En voyant qui était son visiteur, elle ricana et ressortit son travail du tiroir.

– Tiens donc. Je me demandais bien quand vous finiriez par revenir. Nous étions trop heureux ici sans vous, cela ne pouvait pas durer.

– Vous travaillez toujours sur vos amusettes pornographiques ? demanda Gilles du tac-au-tac.

– Comme vous voyez, soupira Bellegarde. Mais j'abandonne pour aujourd'hui. Une rime m'échappe, et ce n'est pas avec un importun dans le bureau que je vais la trouver.

Gilles se fit plus sérieux :

– Réécrire ce que l'on a déjà fait, cela doit être la pire chose au monde… perdre des notes, un premier jet avant qu'il soit recopié…

– Vous savez que la DST m'a rendu mes brouillons ? Il paraît que c'est cette Katowicz qui me les avait volés à la BNU. Comme moyen de pression, au cas où. Les « moustaches » en ont pris connaissance puis me les ont restitués : mes « amusettes » n'étaient pas nécessaires au dossier.

Gilles le savait : c'est lui qui avait insisté auprès de Mosser pour que ces manuscrits soient rendus.

Denise Bellegarde agita quelques livres sur son bureau pour se donner une contenance.

– Vous… vous ne m'avez jamais dénoncée. Aux instances de l'université.

– Non. Je n'ai jamais pu m'y résoudre.

– Et pourquoi pas, jeune homme ? Vous m'aviez bien dit que ces poèmes pervertissent les élèves ; que je n'étais pas digne du titre de professeur ; que ma place était à Brumath.

Gilles, une fois de plus, chercha en lui ce qui l'avait retenu. Sûrement pas les qualités humaines de cette vieille emm… bêteuse !

– Je ne pouvais pas. Vos textes sont bons.

La vieille enseignante encaissa le compliment en cachant, mal, son plaisir.

Elle se leva, contourna le bureau, alla fouiller dans un empilement de chemises...

– Je pourrais peut-être vous confier du travail extérieur, pour commencer. Le classement de la bibliothèque de la faculté, par exemple. L'accueil des étudiants slaves. Il y en a d'autres qui arrivent. Vous devriez les apprécier. On peut vous créer quelques heures. L'air de rien, vous referez partie du paysage. On s'habituera. Prigent ne pourra pas faire autrement que de vous réintégrer, vous verrez...

– Madame le professeur, c'est très honorable à vous. Je vous remercie de me le proposer. Mais je ne reviendrai pas. Je suis passé à autre chose. Je ne retournerai pas à l'université.

– Ah non ? Et qu'allez-vous faire, alors ?

– Oh, je suis déjà dedans. Depuis cet été.

– Et quoi donc ? Vous êtes un incapable absolu.

– Il y a une chose que je sais faire, madame : parler de mes lectures. Alors maintenant, je suis libraire. Mes parents... mes parents ont un commerce de librairie, vous le saviez ? À Strasbourg. Ils ont été ravis de me le céder enfin.

La vieille femme revint se rasseoir, posa son menton sur ses mains croisées et le fixa au fond des yeux :

– Et avec votre épouse ? Elle vous a envoyé au diable, je crois ?

– Je vous l'ai dit : je suis passé à autre chose.

Bellegarde sourit :

– Bien, bien. Et... la librairie, vous vous en sortez ? Cela vous plaît ?

– C'est le sens de ma vie, Denise. Mettre en rapport des personnes et des pages. Le sens de ma vie.

– À la bonne heure. Vous savez, Schaeffer... un de ces jours, je viendrai peut-être vous voir dans votre librairie. Pour constater à quel point vous êtes nul pour vendre mes recueils.

– Ce sera un plaisir. Je vous mettrai une petite table, une chaise et un stylo : vous les vendrez vous-même...

50

Sur le boulevard Tverskoï, l'automne était déjà très avancé. Il ferait très froid, très bientôt. Les Moscovites qu'elle croisait se baladaient en bras de chemise, en simples robes. Un Occidental, ici, se serait déjà emmitouflé dans tout un tas d'épaisseurs de grosse laine.

Elle mangeait un *pirojki* à la confiture ; le dernier avant longtemps. Combien les *pirojki* lui avaient manqué, à Strasbourg...

Elle attendait une nouvelle affectation. La planète s'agitait partout, partout on réclamait des agents ; et cette « guerre froide » ne faisait que commencer.

Elle en avait enfin fini avec les rapports, les réunions, les interrogatoires de fin de mission. Le départ d'Entzheim l'avait bien secouée. Les adversaires s'étaient montrés tenaces. Yegoza était tombé, puis d'autres, grâce aux informations trouvées chez lui. Elle-même avait bien cru qu'elle n'y arriverait pas...

Le Lissounov volait au ras du sol dans la campagne alsacienne.

Elle profita que le copilote avait quitté son poste un moment pour venir occuper son siège. Ils étaient seuls, tous les trois, dans l'appareil. Un vol commercialement aberrant, aux yeux d'un profane ; mais pour eux autres, une procédure d'urgence bien rôdée. « Aero-Shpion »...

Dans ce coucou qui datait de la guerre, on s'entendait à peine. Elle dut répéter trois fois sa question pour que le pilote comprenne :

– Comment on ouvre les hublots de la cabine ?

– Dans la cabine ? On ne peut pas ! Les seuls qui s'ouvrent sont ces deux-là, ici, dans le cockpit. (L'homme désigna les vitres coulissantes à sa gauche et sa droite.) Mais seulement au sol !

La jeune fille fit aussitôt glisser la vitre à sa droite. Comme un mur glacé, la pluie lui fouetta le visage.

– Hé ! Qu'est-ce que vous foutez ! Refermez ça tout de suite !

Elle tourna vers le pilote son visage innocent, dégoulinant de pluie, posa sa petite main sur son épaule.

– Allons, lieutenant ! J'ai juste besoin de me rafraîchir les idées ! Ça a été tendu, là en bas. Vous êtes parti juste à temps ! ... Joli décollage, d'ailleurs !

– Je m'en fous, officier ! Fermez-moi ça tout de suite !

– Très bien, très bien...

Comment le Magicien appelait-il cela, déjà ? Un « leurre de distraction »...

En effet, alors que l'aviateur, furieux, ramenait son regard sur ses instruments, l'agent Vestnik jeta en douceur les papiers par la fenêtre.

La fiche de renseignements de Vilmos Vass. La fiche de Gilles Schaeffer. Ces deux-là, et nulle autre. Elle les avait extraites de la sacoche, et soigneusement déchirées en tout petits morceaux.

Et tandis que Vestnik refermait le hublot, une pluie blanche se répandait sur la campagne, une pluie de papier au milieu de la pluie. Des dizaines, des centaines de flocons de trahison...

Note de l'auteur

Le Collège de l'Europe Libre avait ouvert ses portes en 1951.

En 1955, les pays de l'Est et l'URSS signèrent le pacte de Varsovie, traité d'amitié et d'assistance mutuelle.

Un an plus tard, la population hongroise se révolta contre son gouvernement soviétique. Après un mois d'insurrection, la révolte fut écrasée par l'Armée Rouge.

En Occident et aux États-Unis, le pouvoir politique renonça à l'idée de combattre la mainmise soviétique sur les pays de l'Est. La guerre froide se porta sur d'autres fronts...

Le Collège de l'Europe Libre de Strasbourg n'avait dès lors plus de raison d'être. En 1958, malgré les protestations de ses étudiants, des amis de l'établissement, il ferma définitivement ses portes.

Vilmos Vass et tous ceux de la bande des Vitch ne devinrent jamais les nouveaux dirigeants des pays libérés...

Nul ne sait ce qu'il advint des fiches de l'opération Chtch.

Remerciements

L'auteur tient à remercier tout spécialement Veronik Durin-Hornyik ; Pierre Marchant, Vlou, Sylvie de Mathuisieulx, Anne Poidevin ainsi que tous ceux qui ont contribué à ses fiches (... de travail !) : Raphaël Bischoff, le labo d'écrivains (Pierre, Martine et François), Marcelina, Pal Erdelyi, Papy Karcsi et son épouse, Georges Bischoff, Fedor S. et Irina, Christophe Didier (BNU), Nicole et Jean-Pierre, Dominique Gouillart, Fabrice Weiss, Philippe Lutz et Christian Kempf.

Pour en savoir plus...

Durin-Hornyik, Veronika. « Le Collège de l'Europe Libre et la préparation de la construction démocratique de l'Europe de l'Est (1948-1958) », *Relations internationales*, vol. 180, n°4, 2019, pp. 13-25.

Durin-Hornyik, Veronika. *Le Collège de l'Europe Libre : une opération de guerre psychologique américaine menée en France à l'égard de la jeunesse des pays communistes de l'Europe de l'Est (1948-1958)*, thèse de doctorat en histoire, soutenue le 15-03-2018.

Claudon, Olivier. « Un collège pour une « Europe Libre » », *Les saisons d'Alsace* n°93, août 2022, pp 50-53.

Claudon, Olivier. « Quand la CIA s'installait au château de Pourtalès », *Dernières Nouvelles d'Alsace*, 31-05-2021.

les enquêtes rhénanes

Dans la même collection :

1 **Jacques Fortier** *Sherlock Holmes et le mystère du Haut-Koenigsbourg*
2 **Grégoire Gauchet** *Meurtres bio au château*
3 **Pierre Marchant***Le Pays des cendres*
4 **Christine Muller** *Les Aventures alsaciennes de Sherlock Holmes*
5 **Bernard Fischbach** *Le Venin du mort*
6 **Jacques Fortier** *Quinze jours en rouge*
7 **Claude Peitz** *L'Assassin des deux rives*
8 **Bernard Nuss** *Série noire à l'abattoir*
9 **Joël Henry** *Pêche mortelle à Strasbourg*
10 **Grégoire Gauchet** *L'Avalanche*
11 **Arnault Pfersdorff** *La Femme sans ombre*
12 **François Hoff** *Les Mystères de Strasbourg*
13 **Jacques Fortier** *Dessine-moi un loup*
14 **Pierre Kretz** *Le Disparu de la route des vins*
15 **Bernard Nuss** *Strasbourg city blues*
16 **Claudio Ponté** *L'Homme de Fessenheim*
17 **Franklyn Pell** *La Colline du Pendu*
18 **Claude Peitz** *Les Amants du lac Vert*
19 **Max Genève** *Le Détective*
20 **Sylvie de Mathuisieulx** *La part d'ombre des Lumières*
21 **Jacques Fortier** *Chapitre fatal à la cathédrale*
22 **Annette Fern** *Fais ta prière, Shimon Lévy*
23 **Joël Henry** *Gangsters et grand hamster*
24 **Emmanuel Honegger** *Meurtre aux Arts déco*
25 **Jean-François Coatmeur** *Morte fontaine*
26 **Max Genève** *Cordes sensibles*
27 **Gabriel Schoettel** *Le mariage de Lamy-Fritz*
28 **Bernard Nuss** *Petit-Zob pète les plombs*
29 **Jacques Fortier** *Il est minuit, monsieur Meyer*
30 **Roger Seiter** *Retrouvailles à Strasbourg*
31 **Hansjörg Schneider** *Hunkeler et l'affaire Livius*
32 **François Hoff** *Le Cadavre dans le canal*
33 **Janine Elkouby** *Le Feu du diable*
34 **Joël Henry** *Le dossier Stork*
35 **Claude Peitz** *Musée du cadavre*
36 **Dominique Gouillart** *Échec à la reine*
37 **Jacques Fortier** *Opération Shere Khan*
38 **Grégoire Gauchet** *La mort est un jeu de hasard*
39 **Christine Muller** *Sherlock Holmes et le pont du Diable*
40 **Florence Hugodot** *Vosgial Killer*
41 **Annette Fern** *Les matsot sont cuites*
42 **Emmanuel Honegger** *Strasbourg brûle-t-il ?*
43 **FrançoisHoff** *Les Braises sous la cendre*
44 **Jacques Fortier** *Les neuf sentinelles des Vosges*
45 **Max Genève** *Meurtres païens*
46 **Dominique Gouillart** *Le monstre vert de Strasbourg*
47 **Michel Hutt** *Atomic Bretzel*
48 **Jacques Fortier** *Le crime de Gutenberg*
49 **Florence Hugodot** *Noire neige*
50 **Louis Donatien Perin** *Les sourires du diable*
51 **Stéphane Déroche** *Le poinçonneur du Rebberg*
52 **Dominique Gouillart** *L'or du Rhin*
53 **Jacques Fortier** *Le maître des horloges*
54 **Joël Henry** *Stammtisch Requiem*
55 **Michel Hutt** *Bretzels et falafels*
56 **Nicolas Kempf** *Bons baisers de Strasbourg*

ebra
ÉDITIONS

Achevé d'imprimer en novembre 2023
sur les presses de la Sepec Numérique à Péronnas (Ain)
pour le compte d'EBRA Éditions
Dépôt légal 4e T. 2023
4, rue Frédéric-Guillaume Raiffeisen
67913 Strasbourg Cedex 9
ebra_editions.fr

IMPRIM'VERT® PEFC 10-31-3532